つながりに息苦しさを感じたら読む本

心が9割ホッとするコミュニケーションスタイル

村上 剛 著

セルバ出版

はじめに

はじめまして、筆者の村上剛と申します。

私の自己紹介をさせていただきます。

昭和44年生まれで、7月に50歳になります。

小中高と野球少年で、高校野球で部のコーチと先輩からイジメを受け、高校を中退しました。

野球をやって来て、身体の故障に悩み、接骨院や鍼灸院に通院しました。

高校でのイジメに耐えかねて、家出しました。

丸坊主の16歳の少年を宿泊させてくれる所もないので、10月の夜は寒く、ダンボールと新聞紙で野宿しながら、東京から沼津まで5日かけて約３００㎞を歩きました。

３日目には、熱海駅前に到着して、駅前に鍼灸の専門学校がありました。

その看板を見たとき、「鍼灸師になりたい」と思いました。

そして、２日歩いて、東京に戻り、中卒で入れる専門学校を探しました。

鍼灸師は、高卒でしかなれないことがわかりました。

しかし、按摩・指圧・マッサージ師は、昭和60年当時は、中卒でも資格取得できましたので、高校を中退して、入学を目指したら、不合格でした。

２年間、喫茶店でアルバイトして学費を貯めて、再度入試を受けて、無事合格しました。

その後、20歳のときに当時は大学検定試験に合格して、マッサージ師（2年間）、柔道整復師（3年間）、鍼灸師の資格（3年間）、合計8年間、接骨院で修行しながら学校に通いました。

そして、9年間の修行の後に28歳で鍼灸整骨院を独立開業しました。

修行中にオステオパシーというアメリカの整体を学び、その中でメンタルを同時に治療する治療法を学びました。

しかし、身体を治療できても、メンタルを治療するには、心理療法が必要であることがわかり、たくさんの心理療法を学びました。

結局、自分の治療法にマッチしたのは、NLPだったので、NLP1本に絞りました。

NLPとは、Neuro linguistic Programming の頭文字を略した心理療法の1つです。

日本語訳にすると神経言語プログラミングと呼ばれています。

治療家として30年、心理療法家として22年、NLPerとして18年、NLPトレーナーとして13年過ごしました。

そしてアメリカのカリフォルニア大学サンタクルーズ校（NLP発祥の地）で2011年にマスタートレーナーを取得して、NLPトレーナーのトレーニングも行っています。

2012年には、サンフランシスコにおいてNLP国際カンファレンスで日本代表として、「長期的成功の為の戦略」の研究発表をしました。

本書は、NLPを日本人にカスタマイズしたコミュニケーションメソッドとして、家族、友人、職場、苦手な人など向けに、創造的で生成的なコミュニケーションについて書いています。
読書のみなさんが興味ある章からお読みください。

２０１９年６月

村上　剛

つながりに息苦しさを感じたら読む本　心が９割ホッとするコミュニケーションスタイル　目次

第2章　心が9割ホッとする　友人や知人とのコミュニケーション

第3章　心が9割ホッとする　職場のコミュニケーション

第4章　心が9割ホッとする　嫌いな人とのコミュニケーション

第5章　心が9割ホッとする　生成的なコミュニケーション

第6章　日本人同士のコミュニケーション

第7章　令和のコミュニケーション

第1章

心が9割ホッとする
家族や恋人とのコミュニケーション

1　恋愛は結果とプロセスどっちも大事

絆と孤独は時代ごとに振り子のように揺れています

21世紀の日本で、親に結婚相手を決められるということは、よほどのことがない限りあり得ないでしょう。そして結婚することが社会的に「絶対の条件」という価値観もなくなってきました。

しかし、２０１１年の３月11日の東日本大震災を機に結婚を考える人が増加したことは、よく言われています。人々は、未曽有の危機に直面して、「孤独」よりも「絆」をあの震災以来、求め始めたのです。そのこともあり、ＳＮＳが爆発的に使われるようになりました。全く会ったこともない人と「友達？　になる」ということ「いいね」のボタンをお互い押し合うなどが絆を求める無意識的な行動とも言えます。

３・11までは、「結婚すると仕事ができないので、コスパが悪い」「1人でいるほうが、気が楽だ」ということが流行っていました。

そして現在はと言えば、またその揺り戻しの時期が来ています。人々は絆に疲れ始めています。ＳＮＳがどんどん広告などの商業利用されていることから「ＳＮＳ離れ」もわかります。

引きこもりは健康に必要な行動

これは人間の自然な行動の表れです。20世紀半ばに開発されたゲシュタルトセラピーの創始者であるフリッツ・パールズによれば、「人間は人と一緒に居たいときと1人で引きこもりたいときと両方あり、それが適切に交代することが健康的である」と述べています。

あまりに人との絆を深めることに汲々とし過ぎていると疲れます。丁度今、引きこもりたい時期に来ています。

しかし、人々の心の大きな流れは、そうだとしても、1人ひとりの個人では恋愛や家族とのコミュニケーションを取っている人もたくさんいることもまた事実です。

家族とのコミュニケーションには、親子、兄弟そして夫婦があります。

現代は結婚の前提に恋愛があります

夫婦という関係性のコミュニケーションの前に結婚があり、そして、結婚する場合はほとんど恋愛が前段階にあります。

ただし、現代は多様な恋愛、結婚の価値観があるので一概には言えませんが、基本的にはこのパターンを取ります。

そして恋愛というのは、間違いなく誰でも初恋から始まります。初恋が結婚に至る方々もいらっしゃると思いますが、初恋、セカンドラブ、・・・結婚というパターンが最も多いでしょう。

恋愛は、初恋にせよ結婚に至るにせよ、結果を伴います。恋愛成就、失恋、別離、結婚という結果です。

誰でも恋愛成就や結婚に至ることを望みます。失恋や別離を望みません。

いずれにせよ結果が伴います。どんな結果にせよ、人を好きになることは、素敵なことです。

恋愛はプロセスも大事

一方で恋愛にはプロセスがあります。出会ったその瞬間に結婚というのはありません（多分？）。しかし、出会ったその瞬間に好きになることはあります、いわゆる「一目惚れ」という状態ですね。あるいは、最初は友達から始まり、徐々に恋人と呼び合う関係に至る、それも1つのプロセスです。そのプロセス自体が恋愛の醍醐味でもあります。

ビジネスやプロスポーツとは異なり、結果のみが重要視されるのではなく、失恋や別離を含む結果に至るプロセスそのものも大事です。時につらかったり、苦しかったり、相手を疑ったり、はたまた自分自身の気持ちそのものを疑ったり、葛藤したり、それでも好きだと思ったり・・・。正解がありません。ただプロセスが流れて、結果が来るだけです。

結果と同じようにプロセスを大切にすること、そして恋愛相手とのコミュニケーションにおいて、結果とプロセスの両方を同じくらい大切にすると、自分を大切にできます。自分を大切にできると相手を大切できます。相手を大切にすると相手は自分を大切にしてくれます。だからといって、成就するとは限りません、しかし使い古された言葉ですが「自分を大切にしたほうが幸せにはなれます」

クライアントの出会いそして筆者の出会い

私は結婚20余年になります。私の場合、特殊なケースで妻に出会った瞬間、結婚相手だと直感しました。妻にその話をすると「私は嫌いなタイプだった」と言われます。

なぜ自分が特殊なケースだと思うかと言うと、私のクライアントや受講生から聞いたことがないからです。何千人という受講生と何万人というクライアントの話と比較しています。

受講生やクライアントからの話では、つらい話しか聞きません。当然です、悩んでいない幸せ一杯の人は、相談にきません。

相談に来られる方は、悩んでいる人です。そしてその人たちが変化していき、幸せになっていく姿を見せていただけるのも私の幸せです。

2　しっかりとした別離が後悔を招かない

アンフィニッシュドビジネス（終わっていない仕事）

既述したゲシュタルトセラピーでは、図と地が適切に交代することを健康と考えています。

図と地とは図表1のように黒にフォーカスすると2人の人間が向かい合って見え、白にフォー

〔図表1　ルビンの杯（顔と杯が反転する図と地を表す）〕

カスすると隣のような盃に見えます。フォーカスしているほうを「図」と呼び背景を「地」と呼びます。そしてどちらか一方にしか見えない固着した状態をアンフィニッシュドビジネス（終わっていない仕事）あるいは「未完了」と呼びます。

恋愛を引きずると未完了

別離をしっかりとしないならば、図と地が反転しない未完了が起こります。たとえ次の恋愛相手に巡り合えても、以前の恋人が心の片隅に残りチラチラ浮かんできます。それは杯を見ようとしても、2人の顔にしか見えない状態です。次の恋愛相手とも上手くいかなくなります。

相手が好意を示してくれても、「前の恋人と比較する」や「前の恋人との間であった不信感」

が甦ってきて、今、目の前に居る相手を信じられないなどが起こります。

相手を信じられない

恋愛相手を信じられないのは、自分を信じていないからです。

「自分を変えたい」と思っている人たちをサポートしている医師のリチャード・モスによれば「相手との距離は自分自身との距離と同じである」と述べています。相手を疑っているときに、相手の気持ちをどれだけ試しても疑いが晴れません。

ここでしなくてはならないことは自分が「相手を疑うのは何故なのか」を自分自身に問いかけることです。そして重要なのは、「自分を責めること、人を責めること」とは区別することです。

自分に疑う気持ちがあることにも必ず意味があります。そしてその意味が生まれたときには、とても大切なことがあったからです。

自分自身を疑うことを少しずつ減らしていくと相手との距離も少しずつ近づいていきます。

未完了の恋愛は夢にまで現れる

私自身、自然消滅した恋愛相手が夢に現れたことが一度や二度ではありません。とても好きだったのに、自然消滅して、しっかりと別離を体験していなかったことが、原因だと今ならわかります。

その後、何人かの人と付き合ってもすぐに上手くいかなくなります。

〔図表2　未完了から完了〕

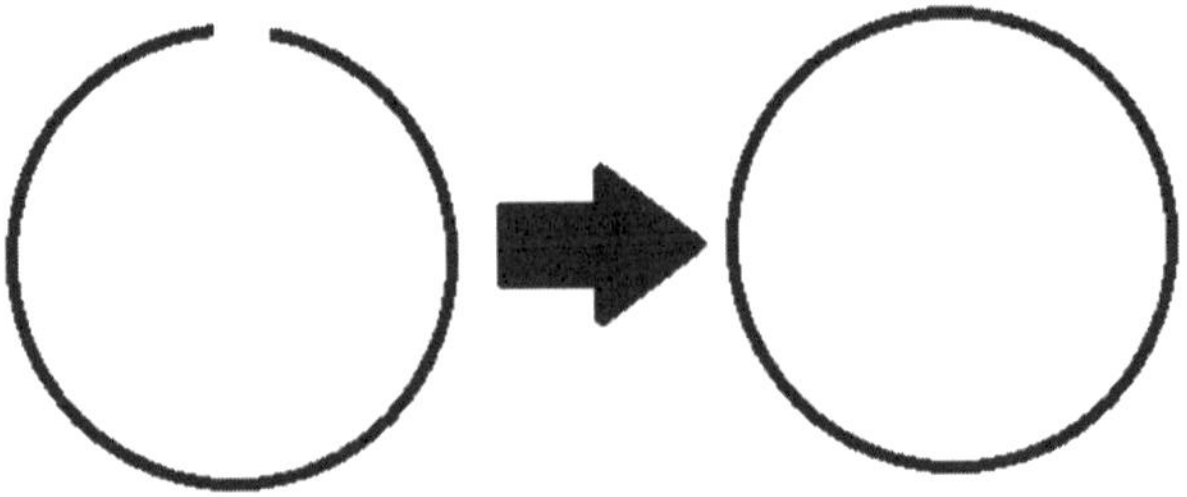

そしてＮＬＰを使って未完了を完了したことで、夢に現れなくなりました。

図表2のように、輪に切れ目があると、そこにフォーカスし続けます。見ないようにしても無意識にそこに注意が持って行かれます。これが未完了の状態です。そして輪の切れ目をつなぐと、輪のどこかに注意は引かれず輪よりも他のことに注意が向くようになります。図（切れ目）と地（その背景）が反転します。これが完了の状態です。このとき新しい恋が始まります。

3　サイレントコミュニケーション（必要以上に対話しようとするとトラブルになる）

沈黙で居られることの大切さ

家族や恋人同士は長く一緒に居ると、それほど対話を必要としなくなります。様々な理由がありますが、お互いの価値観が共有され、対話しなくても理解しあえているからです。

特に、日本人は同質性の高い民族と言われ、同じ状況に置かれると同じような行動になります。3・11や1・17などの被災者が物資や水を並んで配布されるのを見て世界中から賞賛されました。私たち日本人は他人を押しのけて、自分がまず給付を受けるという姿を他の人に見られることを美しくないと感じています。

これが同質性なのですが、家族や恋人で同じ生活空間を共有していると、さらにその程度は高まります。言葉を交わさなくても相手が何を感じたり、思ったりしているのかがなんとなく察することができます。これは行動の背後には価値観があるからです。そして多くの価値観は共有もしくは理解されているので、対話が少なくなります。

反対に、必要以上に対話しようとすると、「何か後ろめたいことを隠している？」といういらぬ疑惑を相手に抱かせる可能性があります。

対話しないことのデメリット

それと同時に日本人の問題の1つでもあります。同質性が高いがゆえに、排他的になりやすくなります。いわゆる「村八分」という状態です。その結果、同質性を維持するために、相手との異質性を感じていても、言葉にしないことがあります。これがいわゆるイジメを助長する構造の1つでもあります。

もう1つのデメリットは、言葉にしないことは、喉の筋肉を無意識的に緊張させますので、喉が締め付けられたり、何かが喉に痞えたりした感覚があります。

その状態は喉の後部にある首の筋肉を緊張させます。その緊張が首のコリや肩コリそして頭痛になることがあります。

沈黙と対話のバランス

これからの日本は、同質性と異質性のバランスを取り、世界の人々とも共に歩んでいくしか選択肢がありません。インターネットにより、同時的に世界中の人々とコミュニケーションを取ることができます。そして2020オリンピックに向けて多くの海外の観光客が増加し、日本政府は観光立国を目指しています。否応なしに日本人以外の人とコミュニケーションを取らざるを得ないクロスカルチャーが当たり前になっていきます。

日本人なら話さないことも、相手が海外の人では話さなくてはならない状況もあり得ます。そのときに日本人に沈黙が許されないことがあるかもしれません。自分を主張して、自分が望むことを相手に伝えないと、海外の人には伝わりません。

日本では察する文化、海外は説明責任の文化と言われています。そしてどちらも重要であり、バランスが重要です。それでも私たちが最もコミュニケーションを取る頻度が最も高いのは家族です。それゆえにまずはサイレントコミュニケーションが重要です。

4　親の影響を受けない子供はいない

鵜呑み

私たちは、生まれながらに、社会のルールやマナーを持って来てはいません。成長する段階に応じて、周囲の大人から無意識のうちに学んでいます。特に両親からの価値観を吟味せずに、ほとんど鵜呑みにしています。そうしないと生きていけないからです。このことをサバイバルストラテジー（88頁参照）と呼びます。

親の行動、反対に行動しないこと、つまり言葉ではなく、非言語的に表現されている価値観を鵜呑みしています。

そのうち、言葉を覚えるようになり、言葉で価値観を学びます。このときも無意識的で吟味せず鵜呑みにしています。

自立とは自分の基準を持って人生を選択すること

そして思春期になると、親の価値観に対して、受け入れるか受け入れないかを判断するようになっていきます。それが反抗期であり、自我が確立されます。

「親のようになりたい」反対に「親のようにはなりたくない」どちらにしても基準が親にあります。

さらに成長して親と子供の自分が別の人格であり、親の基準から離れて、自分の生きたい人生を選択できるとき初めて大人と言えるでしょう。これは年齢ではありません。30代でも親の基準から抜けられない人も居ますし、10代の半ばで、大人になってしまう人も居ます。早ければよいとは思いません。その人それぞれのペースがあります。

5　虐待と育児放棄は、躾ではない

肉体的虐待

親が、躾と言って自分の子供に対して暴力を振るうことは、いかなる場合でも躾にはなりません。

そして、暴力を持って育てられた子供は、暴力を持って子供を育てます。

いわゆる「虐待の連鎖」と呼ばれることが起こります。

私自身、母から殴られて育てられました。そして私自身が2人の子供を育てるときに、暴力を振るったことがあります。

昭和に生まれた私は、当たり前だと思って、疑いもしませんでした。

あるとき、母が認知症になり、父が脳梗塞になり、私自身が人の名前が思い出せないことが続き、恐ろしさから精神科を受診しました。幸い認知症ではないことがわかり安心しましたが、年一回のMRIと精神科の受診は現在でも継続しています。

それは、コミュニケーションを教えるトレーナーとして、中立的な立場からチェックしてもらうことがプロフェッショナルとしての義務だと思うからです。

私の精神科の主治医との間で、子供に対しての暴力の是非についてディスカッションした結果、肉体虐待はなんの有益なことがないという結論で合意しました。それ以来自慢にもなりませんが、私は子供に暴力を振るっていません。

精神的虐待

言葉による暴力、無視、育児放棄は精神的虐待になります。子供の身体には何も傷はつきませんが、子供の心はボロボロになります。

子供は、それでも親の言うことを守らなければ生きてはいけないので、サバイバルストラテジーを発動します。

子供の人格を否定する言葉は、その子の自分自身に対する名札を否定的なものにしてしまいます。親は、子供が何をしても子供の人格そのものは守らなければなりません。同様に無視と育児放棄は子供の存在そのものを否定します。これは人格を否定する言葉を発するよりもさらに酷いことになります。子供は、自分がこの世に必要とされていない、もしくは存在する価値が無いという思い込みが無意識のうちに刷り込まれていくからです。

肉体的、精神的問わず虐待は、人間として子供にしてはいかない行為です。

これは、どんな理由があっても躾とは呼べません。

虐待以外はどんな子育ても正解。親が楽しく決めればよい

言い換えると、虐待ではない子育ては、親が正しいと思う育て方をすればよいのです。そして正解は1つではありません。その家庭ごと、親ごと、子供ごとに違っていいのです。テレビや本に書かれている正しい教育方法がいかに当てにならないのかは、その親子を見て書いているわけではないからです。仮に統計データで、根拠づけられていたとしても、１００％のデータなど存在しないので、例外があるのが現実です。人間をデータでひとまとめにすることのほうが非現実的な子育てです。

6　ドーナツ化現象
(家族とは真ん中に空隙ができるドーナツのような関係性　黙っていることで問題解決する)

ドーナツ化現象

ドーナツ化現象とは、中心から一定の距離が空隙になることです。20世紀の東京の地価上昇に伴い、都内で自宅購入ができなくなり、人々はベッドタウンと呼ばれる郊外に自宅を購入することに

なりました。ビジネスパーソンはそこから通勤するようになり、都心部が過疎化したことに由来する言葉ですが、これは心理的距離にも言えることです。

自分を中心にして同心円的心理地図を描くと通常家族が最も近接します。その家族だからこそ、話せないことがあります。ドーナツのような空隙を生じる関係性が存在します。この空隙を埋めようとするのは、避けたほうが無難です。空隙を埋めるよりも、ホールディングと承認するほうが効果的です。

〔図表３　ドーナツ化コミュニケーション図〕

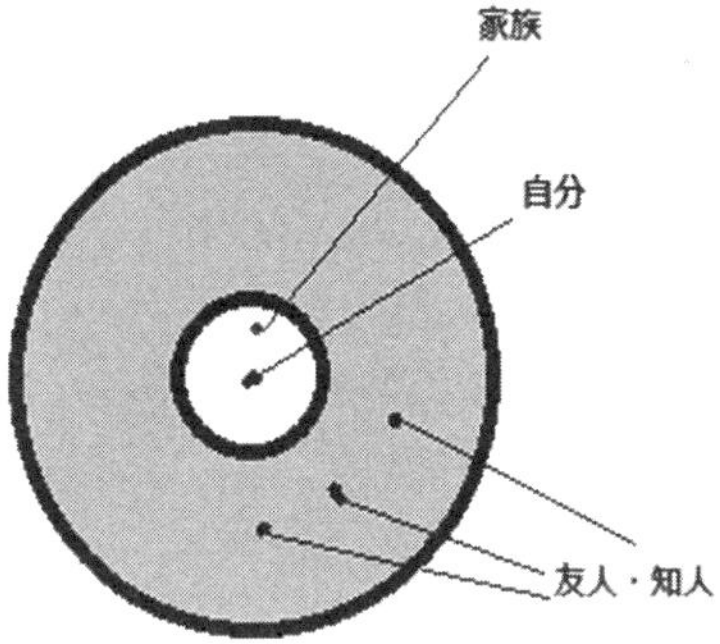

ホールディング

ホールディング（Holding）とは、お母さんが赤ちゃんを抱いているようなイメージを表す言葉です。イギリスの精神科医であるドナルド・ウイニコットが提唱した「ほどよい母親」という概念をNLPトレーナーのロバート・ディルツによって、コミュニケーション理論にアップデートされた考え方です。

ホールディングは、お母さんと赤ちゃんの関係性だけではなく、あらゆるコミュニケーションの状況に応用できます。

ホールディングには５つの重要なポイントがあります。

①相手の行動に対して自動的に反応しない。
②相手がありのままに感じることについて無条件に受けとめる。
③相手のフィーリング（感情と感覚）について何も変えようとしない。
④相手とのコミュニケーションに対して根気強く、ゆっくりと時間を取ること。
⑤相手のフィーリングに対してしっかりした注意を向ける。

常にこのようにしなければならないわけではありません。実際にホールディングできるだけの余裕が必要になります。だからこそ、ここ一番重要な場面では、このホールディングということを念頭において、コミュニケーションを取ることが重要になります。

2つの承認

近年「承認欲求」という言葉が流行っています。人は誰でも他の人から認められたいという欲求です。承認欲求が満たされないと現代では犯罪にまで至る場合もあります。

自分と他の人の承認欲求を満たすために、2つのポイントがあります。

①自分や相手の存在に対する承認です。自分や相手が、その場所に存在していることを知り、そこに所属することを歓迎されること、歓迎することです。その反対は無視や無関心です。マザーテレサは「愛の反対は憎しみではなく、無関心である」と言う言葉の通りです。

②自分や相手の本質に対する承認です。自分や相手が何ものであるか、何ものではないのか、何も

のに成り得るのか（未だ表れていない可能性を含めた）を承認することです。

まえがきで述べたように、私は、高校をイジメによって中退しました。そして高等学校卒業程度認定試験（旧大学入学資格検定）に合格して、３つの専門学校を経て、現在はマッサージ師、柔道整復師、鍼灸師の３つの国家資格を取得しています。

高校を中退するときに、担任の先生が自宅に来られて、学校を中退することを止めるために「お前がこのまま、専門学校に行っても失敗するに決まっている」と言われたことを今でも覚えています。若い頃は「いつか見返してやると」と思っていました。

一方で２０１２年にアメリカのサンフランシスコにおいてＮＬＰ国際学会で研究発表しました。その当時の私は、ＮＬＰトレーナーとして5～6年の経験しかありませんでした。

その前年２０１１年にＮＬＰユニバーシティの日本人の女性ＮＬＰトレーナーから研究発表のお誘いを受けました。

すぐに断りました。「自分は学歴もないし経験が少ないので相応しくない」と。しかしその女性は、「あなたは世界に出て活躍する可能性があります」と言っていただき、背中を押された気がして翌年の２０１２年に研究発表しました。

高校の担任の先生も女性ＮＬＰトレーナーも私のまだ現実化していないことに対して言っている言葉です。高校の先生は私の可能性を潰し承認しない言葉、一方で女性トレーナーは私の可能性を信じて承認する言葉。これが相手の本質を承認するかしないかの違いです。

7　時待ち草（問題は時間が解決するときがあるので焦らない）

問題を解決する方法の1つは時間が経つのを待つこと

「時待ち草」という草をご存じでしょうか？　実際には存在しませんが、時間が問題を解決してくれる薬草という意味です。家族の問題を解決するときに、身近にいるために、すぐに解決したくなります。特に親が子供の問題を解決するときに焦ってしまうことがあります。

しかし、焦って介入すると問題を余計に複雑にしてしまうことがあります。時には時間が解決することを信じて、黙って見守ることも必要となります。

変わらないシステムは存在しない

どんな問題もシステムの問題として捉えることができます。家族も子供同士もママ友もシステムです。そしてシステムは、時間と共に変化し続けます。システムが変わらないというのはその人の単なる思い込みです。一見すると変わらないように見えているシステムも内部では様々な変化を起こして変わらないように表面的に見えているだけです。一番よい例は人間の身体です。

これもまた1つのシステムですが、私たちの身体はいつも同じ状態を保とうとして、身体の中でたくさんの変化をし続けています。例えば体温はいつも一定の幅を推移します。そのために体温

〔図表４　GEO モデル〕

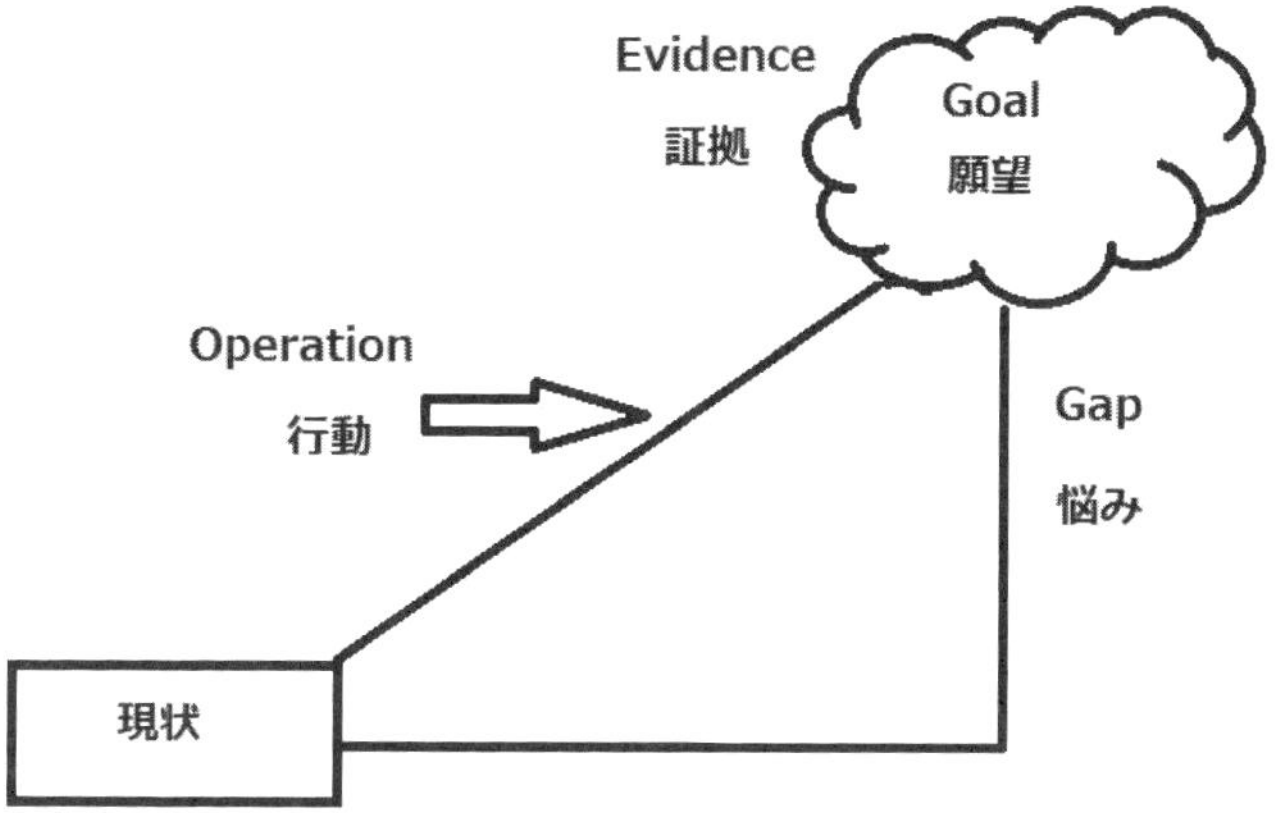

が上がれば汗を出して蒸発によって体温を下げます。体温が下がると筋肉を振るわせて熱を発生させて体温を上げます。

そのような理由で同じ状態のシステムというのは存在しません。ただし当人にとって望ましいシステムの変化をするか否かはわかりませんが、システムの変化が起ることは間違いないので、時間の経過と共にシステムを観察することが重要となります。

望ましいシステムの状態へ向かって、観察された情報を基に行動を変化させ続けます。そして望ましいシステムの状態へ到達したら、行動を止めます。

ＧＥＯモデル

前記のことを１つのモデルに表すと、Goal（願望）Gap（悩み＝願望との差）のＧとEvidence（願望を達成した証拠）のＥとOperation（願望を達成するもしくは悩みを解決する行動）のＯのイニシャルを取ってＧＥＯモデルと呼ばれています（図表４）。

ＧＥＯモデルを意識して観察していれば、家族の問題は時間と共に自然と解決されます。現状からGoal & Gap（願望）へ向かうところで、道すじが願望からずれたときにのみOperation（行動して修正）すればよいのです。

そのためには、願望が達成されつつあるのかを判別するための判断基準としてEvidence（エビデンス証拠）が重要になります。

ＧＥＯが不明確でやたらと介入するときに問題が複雑になってしまいます。エビデンスを観察しながら、必要な方向へ必要なときに必要な行動のみすれば、時間が解決してくれます。

8　パーソナルフィールド（ハグできる距離にお互いが居ても良い関係性）

電車の座席が埋まる順番

皆さんは、電車に乗るとき、座席が一列すべて空いていたら、どこから座りますか？

多くの人は、一番端から座り、次に真ん中、そして段々と肩が触れ合うところに座り始めます。

なぜ、このような座り方をするのかというと、自分のパーソナルフィールドを護りたいと無意識のうちに感じているからです。

パーソナルフィールドとは、だいたい両手を広げたくらいの、自分を取り囲むフィールド、スペース、空間、場のことです。パーソナルフィールドに見ず知らずの人が入ってくるとストレスを感じます。しかし、家族や恋人同士では、お互いの存在を無意識のうちに認めているので、通常では、それほど不快な感じがしません。

治療というパーソナルフィールド

私のような治療家も治療状況では、患者さんのパーソナルフィールドに入って治療します。反対に治療を受けることが全く初めての方は、とても緊張していることが、フィールドを通して伝わってきます。

初めての方も、馴染みの方も、打ち解けて、患者さんのパーソナルフィールドと治療家のパーソナルフィールドが共鳴する感じになることがよくあります。そのことを心理療法ではラポールと言います。つまり、身体を治療するときも心を治療するときもラポールが重要になります。

どんなに達人の治療テクニックをもってしても、ラポールがなければ患者さんは身体も心も癒されません。反対に家族や恋人の愛情あふれる関わりは人を癒します。

家族のパーソナルフィールド

息子が2歳くらいのとき、一緒にお風呂に入っていました。あるとき、空のペットボトルを湯船に沈めて遊んでいました。誤ってペットボトルから手を離してしまい、下唇にすごい勢いでペットボトルが直撃してみるみるうちに腫れ上がってきました。息子は大声で泣きました。

私はすぐに、息子に「痛いの痛いの飛んでけー」と3回ほどやったら、腫れ上がった唇が元通りになりました。

その頃の息子はまだ私が治療家ということは認識できていなかったでしょうし、私も治療のつもりで行ったわけでもありません。

ただ息子への愛情から行った行為が通常ではあり得ない身体の反応を引き出したという事実だけがあります。

9　小さな子供は、親のパーソナルフィールドに入る（子供が安心できるのは親と触れているとき）

小さな子供は親に引っ付く

小さな子供は、親にまとわりつくように動きます。

親のパーソナルフィールドの中では、自分が守られていることを実感しているからです。

小さな子供が父親の膝の上に乗って来たり、知らない人が来たら母親の後ろに隠れたりするのも、親のパーソナルフィールドに入るためです。

〔図表５　母親のパーソナルフィールドに存在する赤ちゃん〕

母子未分化

そして、1歳半くらいまでは、母親とパーソナルフィールドを共有しています。

母子未分化とも言いますが、物理的な肉体は、出産を機に分離しますが、メンタルもしくはフィールドとしては、分離していません。

子供の自我の目覚めと共に子供自身のパーソナルフィールドが、母親とのフィールドの分離が進みます。

存在の承認

パーソナルフィールドを共有することで、既述したようにお互いの存在を承認できます。

子供の自己肯定感を高めるのには、存在承認がとても必要不可欠です。そのために親のパーソナルフィールドに子供のパーソナルフィールドを含むことが重要であることがわかります。

今、共働き世帯が増えている現代では、このことは子育てにおいて考えていかなくてはならないことかもしれません。

私自身、9歳までいわゆる鍵っ子でした。親と離れていることの寂しさは喩えようのない孤独でした。また私の妻が早朝にパートに出たことがあります。

まだ2人の子供が幼稚園に行っていた頃でしたが、朝起きたときに、妻がいないことで子供たちは2人とも大声を上げて泣いていました。

しかしながら、現在は0歳から保育園に入れて働かなくてはいけない人々がいます。

そのときに、一緒にいる時間でパーソナルフィールドを意識して過ごすことがとても大切です。

人間（生命体）にのみにあるフィールド

スマホやゲームが生まれながらにしてある現代の子供たちは、大人しくさせるためにスマホであやされています。それが良いか悪いかは判断できません。1969年に生まれた私は、生まれながらにテレビがあった世代です。だからといって良いか悪いか言えません。

しかし、どれだけゲームやスマホやテレビが発達したとしても、人間（生命体）同士が持っているパーソナルフィールドは創造できないでしょう。

このパーソナルフィールドがコミュニケーションにおいてどんな機能を果たすのかもこの章以降でも、繰り返しお伝えしていきます。

第2章　心が9割ホッとする友人や知人とのコミュニケーション

1　何時代の人？

歴史を共に過ごした人々

友人・知人との関係性は、時間と共に変化します。

幼馴染み、小学生から大学生や専門学生までの学生時代、同じ趣味を持つ相手、ママ友のような1つのコミュニティーに所属している相手。

そして、それぞれの時代でのコミュニケーションスタイルが異なります。

それぞれの時代の関係性を維持することを望むなら、それぞれの時代のコミュニケーションスタイルをとることで、フレンドリーフィールド（54頁参照）が生成されます。

これをＮＬＰ（神経言語プログラミング）ではページング（pacing/ 調子合わせ）と呼びます。

ページング（Pacing）

ページングは、「私とあなたは似ている」や「私とあなたには共通点がある」そして「私はあなたの世界観を尊重している」ということを、伝えるコミュニケーションパターンです。

例えば、初対面でも故郷が同じだったり、卒業した学校が同じだったりすると、そうでない人よりも遙かに親密感が湧いてきます。

ペーシングは初対面や久しく会っていない友人・知人と関係性を深めるときにとても大切なコミュニケーションパターンです。

久しく会っていない友人・知人とペーシングするためのいくつかの方法があります。

1つは、お互いの呼び名をその時代に合わせることです。

自分自身や相手あるいはそれぞれのアイデンティティを表すのが「呼び名」です。

そしてお互いの関係性の中で、呼び名を合わせることは、その時代に戻るきっかけになります。

言葉を合わせる

私の妻は「福井県」出身です。故郷で妻が両親や兄弟と話すときは「福井弁」になります。あるいは、福井県出身の友人が遊びに来ると福井弁になります。それこそ電話で話しても福井弁になります。そしてそのあとすぐに私と話すと標準語に変わります。

言葉を合わせることもペーシングの1つです。反対に、私の古い友人で福岡出身の男性の友人が、東京で何年か過ごしているうちに、標準語が日常会話になりました。彼が福岡に帰って、標準語で友人と話したら「何を気取っている」「女みたいな言葉を話すな」と福岡弁で責められたそうです。

姿勢やジェスチャーも合わせる

最近あんまり見かけなくなりましたが、高校生がコンビニの前でたむろっている姿勢やジェスチャー、そして服装や髪型が似ている光景を見たことはありませんか？

彼、彼女たちは、外見や姿勢、ジェスチャーを似せることで、今という時間（時代）を無意識に共有していることでペーシングしています。

2 変わらない人は存在しない（久しぶりに会った相手の変化を受容する）

望む変化か望まない変化か

あらゆることは変化します。人間もその中の1つです。しかし多くの人は、自分自身のことを「変わらない」もしくは他の人を「変わらない」と思いこんでいます。

この言葉の背後にあるのは、自分の望んだとおりに変化していないということです。それを「変わらない」という言葉で、あたかも静止した時間のように言います。

反対に変わったことがよくない場合もあります。

「あなた変わったわね」と目を吊り上げて言われたら、その言葉を言った人にとっては、望ましくない変化をしています。

いずれにしても、変化はします。そして「誰にとって？」、「どのように変化するのか？」が望ましいか、それが重要になります。

私にとって、友人が望ましくない変化をするなら、その友人と距離を置くという選択肢がありま す。また私にとって、望ましい変化をするように伝えることも選択肢としてあります。この場合、 その友人が私の伝えたことを受け入れるかどうかは、友人の選択です。

そして、望ましくない変化を受け入れると言う選択肢を取ることもできます。前章でお伝えした ホールディングすることとです。同様に友人もまた、友人にとって私が望ましいまたは望ましくない 変化をすることに対して、友人の選択肢があります。

変わった私と変わることを望まない親友

私が心理療法を学び初めて、すぐ中学校時代の親友が離れていきました。習い立てのゲシュタル トセラピーやＮＬＰの方法で話をすることが、彼にとっては不愉快だったようです。

それから8年くらいお互いに連絡もしませんでした。

あるとき、携帯電話に、その親友から一本の電話が入り、呑みに誘われました。その頃は既に酒 を飲まなくなっていた私ですが、誘われたことが、とても嬉しかったです。

しかし、そこでも心理療法の方法論で話していたら「お前の話し方気持ち悪いんだよ」とか心理 療法でよく使われる（傾聴）という自分の考え方を表に出さない方法で聞いていたら、「お前の意 見はないのかよ」と言われました。

このとき初めて気がつきました。自分が親友に「ペーシングできていなかったこと」をです。

彼は私に中学校時代と同じ関係性を求めていたのでした。私にゲシュタルトセラピーを教えてくれた先生に相談したら「付き合う友達を変えればいいんだよ」と言われましたが、私の選択肢として、それはありませんでした。

私にとって大事な親友で、その友達と中学校時代に一緒に時間をさかのぼることも私の人生において大切な時間だからです。

友達を選ぶことは誰にでもできます。そして私は中学校時代の親友を選びました。その選択をするなら、友達と過ごした時間にペーシングし、呼び名、言葉使い、自分の考えを話すほうがよいことが今はわかります。

そして、心理療法家としての自分と中学校時代の親友としての自分をどちらも大切な自分として持ち続けることが重要です。

3　ポライトネス

ポライトネスとは何か？

「言語のもっぱら対人関係の確立や維持・調節にかかわる働きのことである。」

〜滝浦真人著「ポライトネス入門」より引用〜

ポライトネスは、言語学の一分野です。

言葉を待った人間は、対人関係を適度な距離に調節するために、言葉を最大の媒介者として使用しました。

言葉は、人を〝近づけつつ遠ざける〟という一見奇妙な働きをしながら、既述の対人関係の確立や維持・調節を行います。

例えば、初対面の人とは、タメ口ではなく敬語を使います。そして呼び名も間接的な表現で伝えます。道を尋ねるときに「あなた、ここへ行くにはどうすればいいか教えてよ」とは聞かないでしょう。「あのー、ここへ行くにはどのようにすればよいか教えていただけますか」と聞きます。

友人・知人は、初対面ではありません。対人関係の距離は近しいものです。その関係性で敬語を使うことはかえって不自然です。幼馴染みに会ったときに「久しぶりじゃん、会いたかったよ～!」を「お久しぶりにお会いできて嬉しく思います」と言ったら、相手との心理的距離感はかなり離れます。

私たちは意識的にも無意識的にもこんなふうに言葉の使い方によって、心理的距離感を調節しています。これを「ポライトネス」と呼びます。

ちなみに、心理的距離感が近くなることをポジティブポライトネス、敬語を使って心理的距離感を離すことをネガティブポライトネス（96頁参照）と呼びます。

ポジティブがよくて、ネガティブが悪いというよりも、ポジティブは近くて、ネガティブは遠いというふうに考えてください。年長者に対してはネガティブのほうがよいのです。

なぜ、友人・知人ではポジティブポライトネスになるのか？

それは、共通した特徴や、共有した経験、共に過ごした時間があるから成立する関係性なのです。もしも、そのような共通性や共有性がないのに、タメ口を話したりすると、聞いた側は、「なれなれしい」「ずうずうしい」と感じるリスクが高まります。

その友人・知人との関係性を好ましいと思い続けたいなら、共通性や共有性、つまりポライトネス（ポジティブ）を意識して、相手とのコミュニケーションを楽しむとよいでしょう。そうすると、お互いにさらに深い友情が芽生える可能性が高まります。

ただし気をつけなければならないのは、相手も同じように好ましいと思っているかどうかはわかりません。相手の表情、目の動き、呼吸、姿勢、ジェスチャーなど非言語の表れをよく観察して、適切な心理的距離感を保つこともお忘れなく。

4　純粋な第三者（自分と相手を善意の心で見る第三者としての視点を持つ）

3つの知覚位置

私たちは、何かを体験するときに3つのポジションで体験します。それをNLPでは「知覚位置」と呼びます。

〔図表６　３つの知覚位置〕

まず、自分が自分の目や耳や皮膚を通して体験する立場やポジションを「第1ポジション」と言います。それに対して、自分がコミュニケーションを取っている相手の目や耳や皮膚を通して体験する立場やポジションを「第2ポジション」と言います。そして、2人のコミュニケーションを外から観察して、双方の関係性がよくなることを願っている立場やポジションを「第3ポジション」と言います。

私たちは状況に応じて、3つの知覚位置を移動しながら、体験しています。

例えば、将棋や囲碁などは、第1ポジションと第2ポジションを行ったり来たりして、次の一手を決めています。テレビ解説をしている人は、第3ポジションから、そのゲームを観察しています。

家族・パートナー、友人・知人との関係においても、同じように3つの知覚位置を移動しながらコミュニケーションを取っています。

そして、問題が起こるのは、どこか1つのポジションに固着してしまうときです。第1ポジション（自分自身）に固着すると自分勝手になります。第2ポジション（相手）に固着すると、近年頻繁に悪い意味で使われる「忖度」ですが、本来は「他人の心をおしはかること。また、おしはかって相手に配慮すること」という意味です。しかし第2ポジションに固着すると過剰に忖度しすぎて、自分の意見や願望がわからなくなってしまいます。

第3ポジションに固着すると、「行動しない評論家」になってしまいます。そのような理由で、適宜状況に応じて知覚位置を移動することが重要になります。

まずは第3ポジションからコミュニケーションを観察する

コミュニケーションを深めたい、もしくはコミュニケーション問題を解決したいと思うのであれば、まずは善意で2人の関係性がよくなることを純粋に願う第3ポジションから自分と相手の関係性の全体を見ることから始めてみましょう。お互いの気持ちや考え、言い分を全部知った上で、より良い関係性はどうなるとよいのかが見えてきます。

第1ポジションから見ると、自分にとっての都合だけで見てしまうので、相手から拒否される可能性が高まります。第2ポジションから見ると、自分の願望や思いを押し殺してしまうので、ストレスが溜まります。

自分と相手の両方がWIN-WINになる状態を見つけるのには、純粋な第3ポジションから見ることをおすすめします。

5　知られたくない自分

ジョハリの窓

「ジョハリの窓」という言葉をご存じでしょうか？

自分をどのように開示、ないしは隠すかという、コミュニケーションにおける自分の開示と、コミュニケーションの円滑な進め方を考えるために提案されたモデルです。

「ジョハリの窓」は、１９５５年夏にアメリカで開催された「グループ成長のためのトレーニング」の席上で、サンフランシスコ州立大学の心理学者ジョセフ・ルフトとハリー・インガムが発表した「自己発見のための自助モデル」が基になっています。このモデルを後に「ジョハリの窓」と呼ぶようになりました。ジョハリ（Johari）は提案した2人の名前を組み合わせたもので、ジョハリという人物がいるわけではありません。

友人・知人との関係性において、どれだけお互いに「秘密の自分」を開示しているかが、親密度を決定します。それと同時に「盲点となっている自分」へのメッセージをどれだけ言えるかも親密度を決定します。

〔図表７　ジョハリの窓モデル〕

「ジョハリの窓」モデル

	自分は知っている	自分は知らない
他人は知っている	**オープンな自分**	**盲点となっている自分** 他者からのメッセージが重要
他人は知らない	**秘密の自分** 自己開示が重要	**誰も知らない自分** 新しい自己発見する機会が重要

そして、その両方とも友情が壊れる危険性をはらんでいます。

秘密の自分を開示する

秘密の自分を開示することは、相手がその秘密を受け止める準備が必要となります。そしてその秘密を他者に漏らさないと言うことを暗に強制することになります。

それをしてくれると思うとき、または相手だけに、自分の秘密を開示できます。

さらに、自分の秘密を開示することは、相手に「自分も秘密の開示をしなければならない」という「返報性の法則」がはたらきます。

それは相手にとって負担になり得るということも配慮して自己開示する必要があります。

しかし、お互いに自分の秘密を開示し合ったときは、とても深い友情が生まれます。

私が中学生のときに複数の友人たちと好きな女の子の名前を開示し合ったことがあります。昭和ですね〜。

しかしながら、その友人たちとは35年たった今でも親友です。

6　盲点となっている自分と相手へのフィードバック（相手の面子を保つために、知らない振り）

フィードバックとは何か？

盲点となっている自分は、相手からのメッセージまたはフィードバックによってのみ、その盲点に気がつくことができます。

フィードバックとは、相手の到達したいゴールへ向かうに当たって経路からずれたときにそのずれを伝えることをいいます。

ただし、その盲点は必ずしも自分にとって好ましいものとは限りません。言われることに耐えられるときにのみフィードバックをもらいましょう。

また反対に相手の盲点をフィードバックするときも友情が壊れる可能性があることを十分配慮しなければなりません。相手に盲点をフィードバックするときはそれを受け止める準備ができているかをよく観察して、相手の未来のために伝えることが重要になります。

場合によっては、気づいていても知らないふりをしてあげることがよりよいこともあります。何でも伝えることがよいとは限りません。相手の面子を潰すこともあり得るからです。

「ポライトネスが近すぎている」と言い換えてもよいでしょう。

ゴールへ到達するためにずれを観察するカリブレーション

そもそもフィードバックは既述したように、ゴールへ向かっているかどうかを観察してずれていれば、そのずれを伝えることです。

そしてずれを観察することを「カリブレーション」といいます。

第1章でお伝えしたGEOモデル（31頁）はこのカリブレーションが組み込まれています。エビデンスと実際の事実をカリブレーションして、ずれがあればフィードバックします。

成田空港を出発した飛行機がサンフランシスコ空港に間違いなく到着できるのは、常に管制塔からカリブレーションされて、目的地であるサンフランシスコ空港とのずれに対してフィードバックが掛かっているからです。

同様に私たちの行動も反応も、ゴールに向かっています。そのゴールとのギャップをカリブレーションして、フィードバックが掛かります。

例えば、血糖値が下がると、脳は栄養がないという飢餓状態に置かれ、「お腹が空いた」というシグナルが発せられます。

そこで私たちは食物を求めて行動を起こします。

そして食物が見つかり、食べて消化されると血糖値が上がり、脳に栄養が運ばれると満腹中枢が刺激されて、食べることをやめます。

この一連のプロセスのどこか一か所でも異常があると、私たちは病気になります。

7　婉曲的フィードバック（相手のためを思っての欠点のフィードバックは変化球）

婉曲的フィードバックとは

日本語のことわざにもあるように、「親しき中にも礼儀あり」というように、友人・知人に対して相手のためを思ってズケズケとフィードバックをすることがよくないことがあります。

そのために、日本語にはたくさんの婉曲表現があります。

特に「死」「排泄」「性」に関してたくさんあります。

日本人は直接的なコミュニケーション、既述のポジティブポライトネスを取るときには、相当気心が知れている場合のみ取ります。

そうでない場合は、徐々に心理的距離を近づけていきます。

フィードバック、特にストレッチフィードバック（改善点）を伝える場合は、注意が必要です。

このときに、役に立つのが婉曲的表現です。

認知言語学の領域で、専門的にはメタファー、メトニミー、シネクドキーと呼ばれる表現です。

ここでは、細部にこだわらず、メタファーで統一します。

メタファーで伝えると、剛速球ではなく、ゆっくりとした変化球で届きます。

メタファーを使った実例

私が経営している接骨院を保険診療から自由診療へ移行するかどうか迷っているときに、友人が「カレーライスとハヤシライス、両方食べたいとき両方頼むよ」と言われて、通常の診療時間を保険診療にし、昼休みと夜に自由診療を実施するようになりました。

ここでは、カレーライスとハヤシライスがたとえ話になっています。

このときに直接的に「両方やればいいじゃん」と言われたら、私は「素人のくせにいい加減なことを言うな」と思ったかも知れません。

しかし、カレーライスとハヤシライスを1つの皿に盛られたイメージが浮かんできたときに、現在の診療時間になりました。

またあるとき、友人のお父さんが亡くなりました。そのときの葬儀費用を後日、友人から聞き、『モヤモヤ』したまま前に進むと、痛い目に合うよ」と教えてもらいました。そこで私はあまり考えたくはなかったですが、両親が亡くなった場合、葬儀費用がどれくらいかかるのか「クリア」にすることができました。

このときも、友人は私に「ちゃんと計算しろ」とは言わずに、「『モヤモヤ』したまま」というたとえ話で、「『クリア』にする」ということがメタファーになっていました。

メタファーは、直接的な表現をしなくてすむので、相手の無意識にメッセージを届けやすくなります。

〔図表８　ゴール、カリブレーション、フィードバック〕

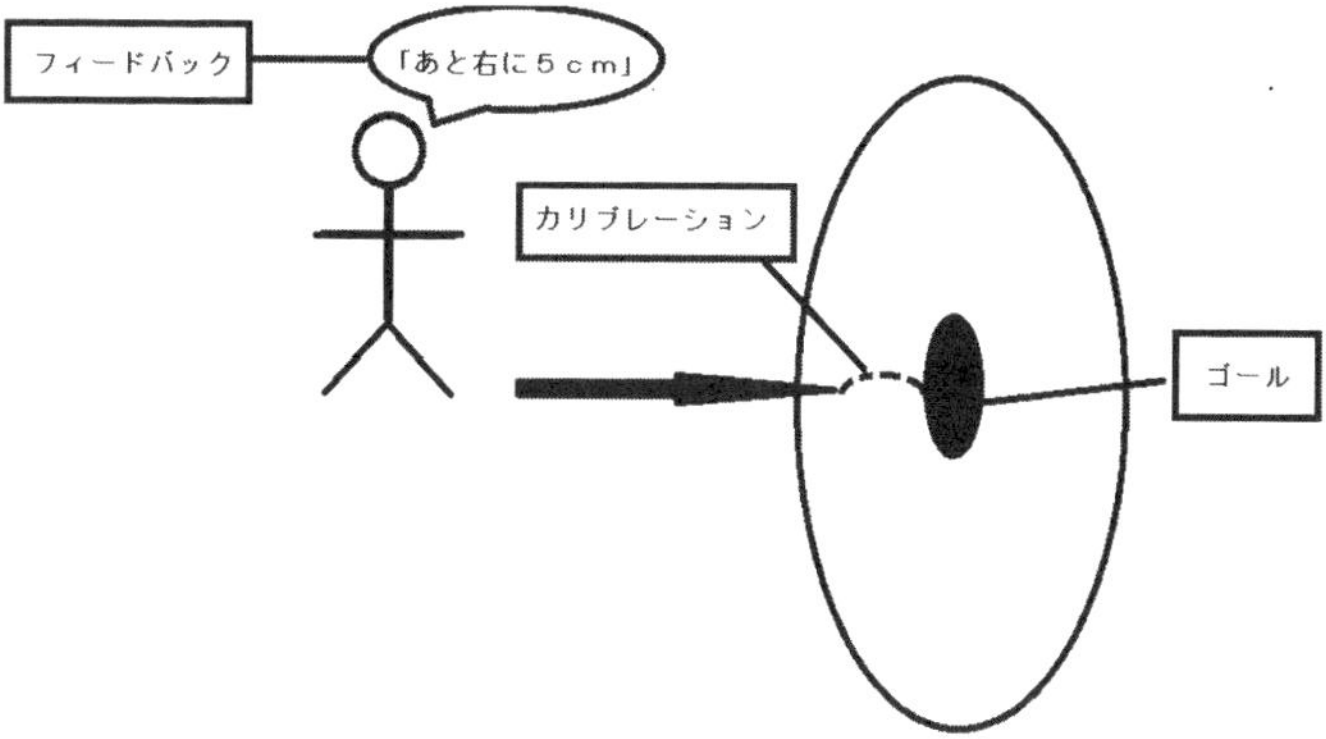

理屈で言われると意識がブロックすることもメタファーは聞いたときにイメージが湧いてきます。そのイメージをつくるのが無意識です。そして無意識がイメージをつくれば無理なく私たちは行動することができます。

8　ゴール、カリブレーション、フィードバックは一体

何のためのフィードバックなのか？

ここまで、フィードバック、カリブレーションということをお伝えしてきました。

これらは何のために行うのでしょうか？

それはゴールへ到達するためです。

カタカナが多くて、わかりづらいかもしれませんが、漢字にするとフィードバック（帰還）、カリブレーション（較正）というような、余計にわかりにくい感じがす

るので、そのままカタカナで表記します。

①ゴール「あなたの友人・知人との関係性において、あなたのゴールは何でしょうか?」

多くの人は、「楽しみたい」「もっと友情を深めたい」「お互いをよく知りたい」場合によっては「縁を切りたい」という人(第4章参照)もおられるかもしれません。

そのゴールに対して、

②カリブレーション

「今どこにいますか?」「どれくらいマッチしていますか? どれくらいずれていますか?」

③フィードバック

「誰がカリブレーションされたことを教えてくれますか?」

この3種類の視点があれば、いずれゴールに到達します(図表8)。

9 フレンドリーフィールド(握手できる距離にある仲間としての場。もろい対等な関係性の場)

フレンドリーフィールドとは

フレンドリーフィールドは、握手できる物理的距離にお互いが入れるフィールドです(図表9)。

これ以上近いと家族やパートナーとのフィールドになります。反対にこれ以上離れると初対面もしくはビジネス関係のフィールドになります。

ゴールがより深い関係性を構築したいなら、少し距離を縮めます。反対に、これ以上深入りしたくないのであれば、距離を取ります。

このフィールドは他のフィールドよりもあいまいなので、不安定なのが特徴です。

自分では、友人だと思っていたのが、相手は単なるビジネス上の知り合い。反対に自分にとっては同じサークルの仲間ぐらいに思っていたら、相手は無二の親友だと思っていたなど、食い違いが起こりやすいのです。

〔図表９　フレンドリーフィールド〕

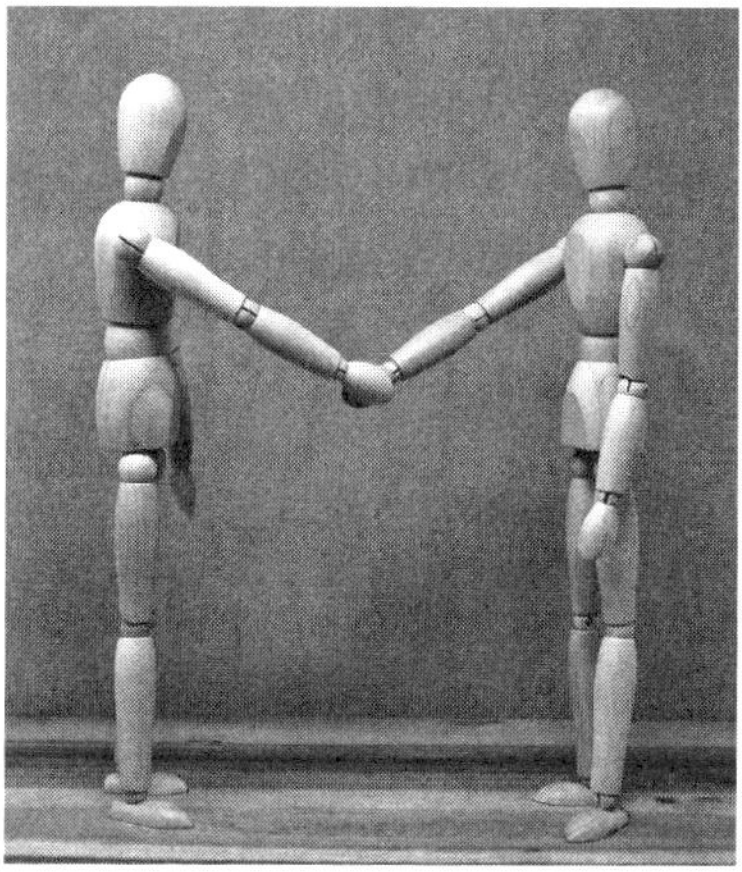

フレンドリーフィールドは、変容しやすい

前章の家族やパートナーは、お互いにある程度の拘束力を持つフィールド（34頁）になりますし、次章のビジネスのパブリックフィールド（82頁）では、利害関係が絡みますので、それ以上の深い関係にならないことが暗黙のルールになっています。

ＬＩＮＥのメッセージに対する返信１つで、変容してしまう不安定なフィールドです。

逆から見ると、自分の対応の仕方１つで、その関係性を深めることも距離を取ることも自由度の高い選択肢がとれるということです。

しかし、現在の小中学生を見ていると、非常に狭い学校社会の中でヒエラルキー（序列）が形成されて、汲々した友人関係が構築されているように見えます。

しかし、これは「村社会、村八分」と呼ばれる日本人の悪しき民族性のようにも思えます。

本来、友人・知人関係は同等の関係性です。それなのに上下関係ができることに問題があります。

既述したように、ゴールを設定することで、このフレンドリーフィールドをどうしたいのかというあなたの望む関係性が構築されていきます。

10　好敵手

「20世紀の知の巨人」

イギリス出身のアメリカの文化人類学者であるグレゴリー・ベイトソンという学者は、1930年代のパプアニューギニアの人々と生活を共にして、そこで行われている文化様式を定式化しました。

ベイトソンが提唱したのは、『対称性の関係』という考え方です。

部族のある2人の若者が、自分のなした業績を部族の年長者に報告するとき、Aという若者が、うさぎを捕まえたと言えば、Bという若者は、鹿を捕まえたと自分の功績を誇ります。そうすると、

Aは、この前の他部族との戦いにおいて、自分は相手に背中を見せずに戦ったと言えば、Bは、自分はその戦いで最初に敵に向かった…と永遠に続くかと思うほど繰り返されます。

そこで、部族の年長者は、２人の若者にガツンとやって、どちらかの功績をよしとするかを裁定します。

このAとBのような関係を『対称性の関係』とベイトソンは名づけました。

対称性の関係は、上下関係では、ありません。水平的な関係です。

Aが強くなると、Bも強くなるという関係性です。

これは、個人レベルだけでなく、集団レベルでも同様のことで、20世紀半ばの米ソの対立は、典型的です。

ソ連が宇宙飛行を行ったら、アメリカは月面着陸で対抗する。核開発も同様でした。

ただし、良し悪しは別にして、そのおかげで、科学技術の進歩には大きな貢献になりました。対称性の関係性は、エスカレートすると危険な反面、能力の向上が期待できます。

好敵手とは肯定的な対称性の関係性

スポーツの世界では、ライバルがいるほうが上手くなるということは、昔から言われています。

「〇〇の名勝負」なども対称性の関係性を表すキャッチフレーズです。

サッカーでは、メッシ対Ｃ・ロナウド

野球では、イチロー対リベラ
スケートでは、浅田真央対キムヨナ
将棋では羽生善治対渡辺明
現代哲学ではサルトル対カミュ
などなど、様々な分野でライバル関係が存在します。

重複しますが、肯定的で健康的なライバルは、個々の能力を向上させます。

団体競技では、チームを強くするために、チーム内に対称性の関係性を敢えてつくることがあります。

反対に否定的で不健康な対称性の関係は、足の引っ張り合いになり、お互いに破滅への道を進みます。

好敵手に巡り合うのも、人生において重要な要素の1つです。

オンリーワンを目指すことも人生において、大切でしょう。

それと同じくらいナンバーワンを目指すことも重要ではないでしょうか。

競争原理が働かないと人は成長しません。

近年幼稚園の運動会などで、1位を決めない徒競走があるそうですが、それでよいのでしょうか。

社会に出れば否応なしに競争原理に巻き込まれていきます。

温室だけで育ったオンリーワンの花は社会の風に耐えられるか心配になります。

第3章　心が9割ホッとする職場のコミュニケーション

1　オブジェクト指向（ビジネスは利益を上げることにすべてが注がれている前提）

利益を上げる

あらゆるビジネスは、利益を上げることが至上命題です。

そうでないなら、ボランティアです。

どちらが良い悪いの問題ではなく、異なる領域の比較することができない事柄です。

ビジネスパーソンは、会社の利益を上げることに対して時間と労力を等価交換しています。

そのような理由で、ビジネスの目標は、利益を上げることになります。

オブジェクト志向

その目標へ向かって行くことを『オブジェクト志向』とここでは、呼びましょう。

オブジェクト志向で、リソースを適切に配分することで、利益が上がります。

リソースとは、ゴールへ到達するために必要な資金、人材、人脈、資源など、あらゆるモノ、コトを指します。

言い換えると、現状＋リソース＝ゴールです。

ビジネスでは、利益がゴールになります。

オブジェクト志向で考えると、利益を上げるには、当然ですが、売上を上げることとコストを削減することの両方の方法論が浮かび上がります。

そして、どちらか一方ではなくオブジェクト志向では、そのバランスを取ることも含まれます。

年商1億円、経費1億円では、利益は０円です。これでは、ビジネスとして成立していません。

反対に、経費を削減し続けて、人件費を削ることによって、社員のモチベーションが下がり、結局売上が下がるのでは、これもビジネスとしては成立しません。

売上を上げることと経費削減することの両方とも目標を達成するための１つの手段にすぎません。

手段に拘ると視野が狭くなり、選択肢が減っていきます。

だからこそ、オブジェクト志向で、目標を定め、手段は、後からついてくることが重要になります。

オブジェクト志向では、手段には、拘りませんので、目標に向かっていれば、どのように業務をしてもよいのです。

特にこれからの企業は、社員1人ひとりの働き方や能力の多様性を認めることが前提になると、勤務時間、出退勤時間、サラリー査定、福利厚生に関する参加の有無など、それぞれの価値観で会社と向き合っています。

昭和では、終身雇用、年功序列が当たり前で、同じ時間に出社して、残業、休日出勤も当たり前だったのが、現代は、仕事よりもプライベートを充実させる生き方も当たり前になってきています。

また副業が『働き方改革法案』によって、社会現象として企業は考えなくてはならない時代に突入して、副業を制限することもできない時代です。

そういう意味でも多様な価値観を持っている人々を1つの方向に向かわせることのためにも共有すべきは、オブジェクトです。

2　三次元コミュニケーション

相補性の関係性

前章でお伝えした、対称性の関係性は、水平性の関係性です。

ビジネスでは、社内の同期や、プロジェクトチームのメンバー同士などは、対称的関係性です。

健康的な競争であれば、パフォーマンスの向上が期待できます。不健康な競争であれば、社内の雰囲気やプロジェクトチームの崩壊に至る可能性もあります。

既述したように、この概念は、文化人類学者のグレゴリー・ベイトソンの提唱した概念です。

そして、ベイトソンは、水平的な関係性とは異なる垂直的な上下関係である『相補性の関係性』も提唱しています。

相補性の関係性は、親‐子、社長‐社員、上司‐部下、教師‐生徒のような養育‐被養育、教育

‐被教育、雇用‐被雇用のような関係性です。
この関係性も不健康な側面もあります。それは支配‐被支配という関係性です。階層構造が生まれ、下位者は、上位者に絶対服従しなければなりません。

〔図表10　職場の三次元コミュニケーション〕

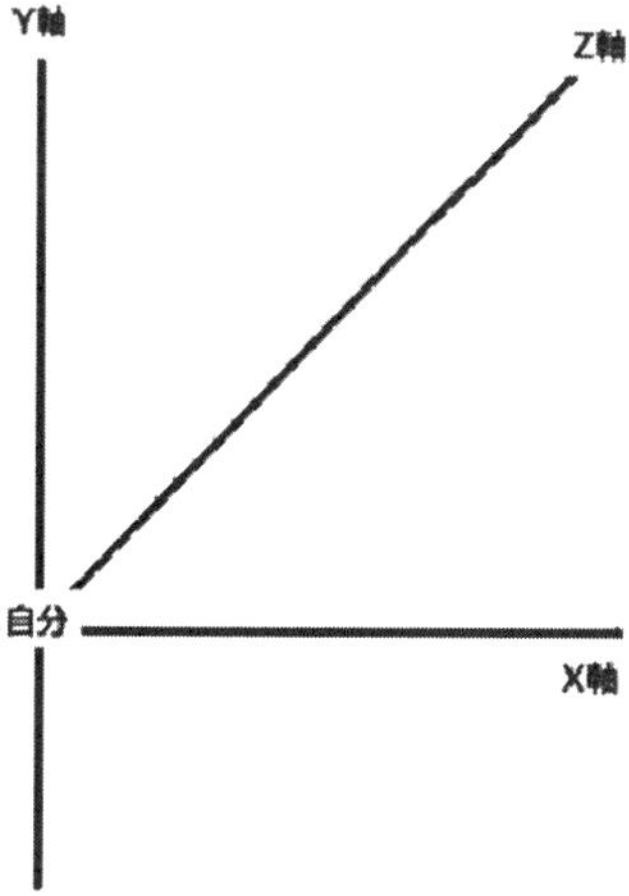

三次元コミュニケーション

職場では、図表10のように３つの軸があります。新入社員を除いて、多くのビジネスパーソンは、３つの軸を意識しなければなりません。

まずY軸は、社内の上下関係を表します。社長と社員、上司と部下、先輩と後輩、などです。昭和よりも垣根は低くなっているとはいえ、組織である以上、階層は生まれます。既述した相補性の関係性です。

X軸は、ベイトソンで言うところの対称性の関係性です。

同期入社や階層レベルが同レベルの同僚、同じプロジェクトチームのメンバーなどです。お互いに競い合い会社もしくはチームのパフォーマンスが上がる可能性と足の引っ張り合いになる可能性と両方含んでいます。

Z軸は、社内と顧客や取引先の関係性です。社内と顧客や取引先いわゆる『ミウチ』と『ヨソサマ』という関係性です。

当然ですが、X軸＞Y軸＞Z軸の順序で距離が近くなります。

現在の自分がどのような位置に三次元のグラフの中で存在しているのかを自覚することは重要です。

そして、自分の位置とコミュニケーションを取る相手の位置によって、言葉使い、服装、立ち振る舞いなどを適切にしていくことが、円滑な業務を可能にしてくれます。

3　四次元コミュニケーション

タイムマネジメント

私たちは、生活の一部として、時間に沿って生活しています。

それは過去から現在を通って、未来に向かうタイムライン（線）として考えることができます。

これは、時間を可視化することで、時間をマネジメントすることにも役に立ちます。

タイムラインの中に居て出来事を体験する場合とタイムラインの外から出来事を観察する場合で

〔図表11　タイムライン〕

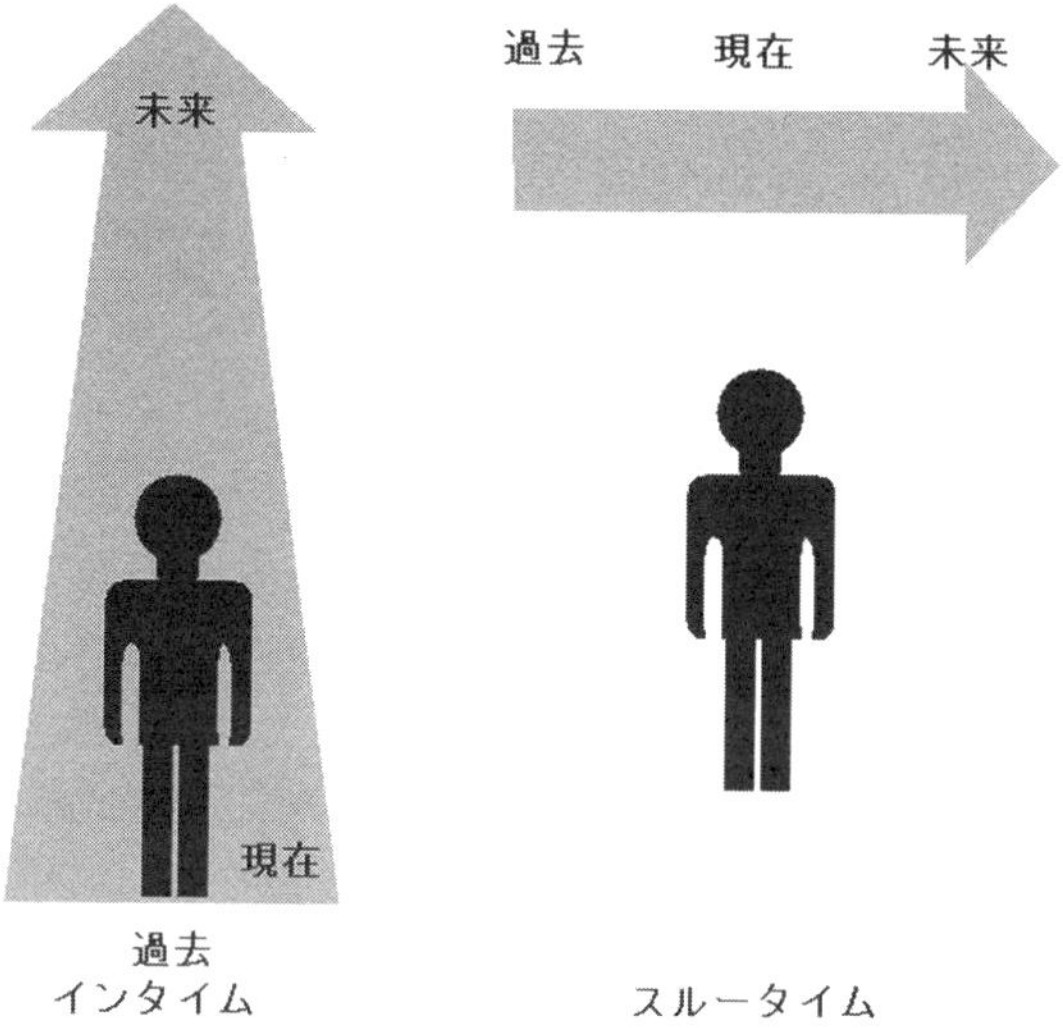

は、時間のマネジメントの仕方が変わります。タイムラインの中に居る場合は、出来事に対して、『インタイム』と呼びますが、その都度対応します。タイムラインの外に居る場合は、『スルータイム』と呼びます。とても計画的で出来事に対して順序を定めて対応します（図表11）。

また『時間志向』が過去、現在、未来によっても異なります。

過去志向の人は、過去の失敗や成功経験を基に思考します。現在志向の人は、今この瞬間の衝動に従って決断します。未来志向の人は、未来のヴィジョンにモチベーションが上がり、暗い未来にモチベーションが下がります。

そして、『タイムフレーム』も長期志向の人と短期志向の人がいます。長期志向の人は、結果が出るまで、長期に様子を見ます。反対に短期志向の人は、短期に様子を見ます。

長期志向の人は、期限がルーズになりやすい反面、親が子供の成長を見るときなどは長期のほうが適切です。

反対に短期志向の人は期限をしっかり守る傾向にありますが、一方で自分や他者をせき立てる傾向があります。

タイムラインの中と外、あるいは過去、現在、未来、そして長期、短期のどこへ志向するのかに良い悪いはありません。状況に応じて使い分けられることが重要です。

四次元コミュニケーション

時間をもう1つの軸として、三次元コミュニケーションに加えます。

そうすると、既述した三次元コミュニケーションは、時間の変化共に、自分の位置が変化することがわかります。

新入社員のときに、Y軸は一番下にあります。Z軸もある特定の会社が顧客になります。

そして時間の経過と共に、部下ができ、X軸の競争も激化するかも知れません。そしてZ軸もまた異なる顧客になるでしょう。

最終的に、Y軸の競争に勝ち残り階層構造の最上位になれば、必然的に影響力が大きくなります。

さらに、会社を辞して独立して起業すればY軸の最上位になります。

〔図表 12　リーダー〕

転職すれば、X軸、Y軸、Z軸も変わります。

時間によって変化するとはそのような意味があります。

言い換えれば、未来のビジネスパーソンとして、どのような三次元コミュニケーションを取るのかを考えることも重要になります。

4　リーダーシップ

リーダーとは

リーダー（Leader）は、リード（Lead）する人またはその役割を果たす人のことです（図表12）。

そこには、Y軸の関係性は、本来関係ありません。

オブジェクトに向かって、真っ先に行動して、メンバーに対して背中を見せる人です。

しかしながら、日本人の5割以上の方は、「出る杭は打たれる」と思っているので、なかなか先頭に立つことをしようとしません。

動乱の時代にリーダーは生まれる

そういう意味で、リーダーは、動乱の時代にしか生まれない歴史があります。

武士の時代を開いた源頼朝、中世から近世の幕を開けた、北条早雲、斎藤道三、織田信長など下克上の戦国大名、幕末の西郷隆盛、大久保利通、木戸孝允の維新三傑、更に第二次大戦後の吉田茂などです。

大体このような人たちの末路は、あまり幸せとはいえないかも知れません。

それでも、身を削って、時代を動かして来たリーダーであることは間違いないといえます。

リーダーシップ

リーダーは、生まれつきリーダーではありません。

人々が、リーダーの背中についていきたいと思わせる能力を磨き続けだからこそ、リーダーになります。

そのような能力を『リーダーシップ』と呼びます。

リーダーシップを構成する『4つのション』をご紹介します。

①ヴィジョン
②ミッション
③コミュニケーション

④パッション

①ヴィジョンは、自分が所属しているシステムよりも大きなシステムに対する貢献です。例えば、社内のあるプロジェクトチームは、会社というより大きなシステムにどのような貢献をするのか？　それがヴィジョンです。

リーダーは、ヴィジョンを掲げなければなりません。

②ミッションは、ヴィジョンを達成するために各メンバーが、代替の効かない役割やリソースのことです。リーダーシップとして、メンバーのミッションを見つけることは、とても重要な能力です。

③コミュニケーションは、リーダーとメンバーがヴィジョンやミッションを共有するための重要な能力です。

④パッションは、いわゆる情熱のことですが、リーダーがヴィジョンへ向かう情熱的な姿やメンバーとのコミュニケーションがあるからこそ、人々はリーダーの背中について行くのです。

5　キラーパーソンを探せ

キラーパーソンとは何か

職場のような組織、集団、などのようなシステムにおいて、良い意味でも悪い意味でもシステムに影響を与える人物がいます。

〔図表 13　キラーパス〕

システム論の専門用語では「アトラクター／魅了し惹きつけるもの」という意味です。遊園地のアトラクションは人々を惹きつけるイベントであり、乗り物です。強いアトラクターはシステム全体を引き込みます。ディズニーランドでパレードはとても強いアトラクターです。「よい場所で見たい」と思っている多くの来場者の動きを決定していきます。

ところで、サッカーでは、相手のゴールにシュートを決めれば得点になります。そのシュートを決めた選手に出した絶妙なパスを「キラーパス」といいます（図表13）。ここではキラーパスを出す人を「キラーパーソン」と呼びましょう。

キラーパーソンは、所属しているシステムに対して、大きな影響力を持つ人です。必ずしも社長や部長と呼ばれる責任者とは、限りません。場合によっては、最も長く勤め上げている社員かもしれません。

キラーパーソンを見つけるとき、次の質問を自分自身にしてみてください
「あなたの職場で誰の意見が反映されることが多いですか？」

「何かを決定する会議やミーティングのとき、メンバーの視線が向く人は誰ですか？」

この質問に相当する人物がキラーパーソンです。

決裁者

通常、社長や部長と呼ばれている人たちで、最近はマネージャーという言葉を使う会社も増えています。「決裁者」とは簡単に言えば、リソースをどのように使うかを決定する人です。

そして、その裁量権と金額は階層構造（Ｙ軸）が上位ほど大きくなります。

ただし、必ずしも決裁者が組織のリソースの動向をすべて管理していない組織もあります。

もちろん、裁量権の有無は、組織への影響力に大きく関与しますが、影響力はそれだけではありません。

既述したように、キラーパーソンは、決裁者を上回る影響力を組織に対して行使していることがあります。

先代の社長や会長、顧問、あるいはお金の流れを把握している人、そしてコミュニケーション能力が非常に高い人、リーダーと思われている人など、様々な人が決裁者よりも組織に影響力を与え

ています。

このような組織のあり方にもメリット、デメリットがあります。

メリットは、ワンマンで独裁者の出現を防ぐことができます。一方でデメリットは、決定に時間がかかるので、事業の進行に遅れが生じることがあります。

いずれにしてもバランスが重要です。

6　決裁者を同席させる（キラーパーソンと決裁者を同時に説得すると効率的）

同席

既述したように、キラーパーソンと決裁者は同一人物ではないことがあります（図表14）。

決裁者（多くの場合、○○長がつく人）とキラーパーソンが同一人物である場合、営業でも、提案でも1人だけ説得すれば、こちらのリクエストが採用されます。

しかし、決裁者とキラーパーソンが別の場合、採用までに時間がかかります。

その場合、まずキラーパーソンを説得して、キラーパーソンから決裁者に決裁をもらうほうがスムーズです。

もしくは決裁者とキラーパーソンに同席してもらいプレゼンすることが効果的です。

〔図表14　キラーパーソンと決裁者を同席〕

『Ｂ２Ｂ』いわゆる会社と会社の取引において、相手の会社に改善を求めるときがあります。この場合できるだけ、キラーパーソンと決裁者の同席しているところでリクエストし、２人の了承を取り付けることが重要です。

同席することで、了承されたことが後から引っくり返ることを事前に防ぐことができるからです。

分離

一方で、決裁者とキラーパーソンを分離するメリットがあります。

弊社（有限会社フェリックス）では、決裁者は代表取締役社長である私自身村上剛ですが、キラーパーソンは妻です。

このシステムにしているのは、提案を一度持ち帰って冷静に考えるためと決裁者とキラーパーソンの２人視点で提案を多重的に吟味することで、失敗を防ぐためです。

即断即決しなければならないときもあります。しかし多くの場合、吟味する時間が取れます。もし吟味する時間を与えないような会社ならば、危険であることが多いです。

無理なノルマを課せられたり、決算月だったり、相手側の都合であることが多々あります。そこに相手の都合だけで動くと失敗した経験もありました。

いわゆる相手側のみの一方よしで、多大な損失を被ったこともあり、即断即決を避け、多重視点での検討を妻との間でルールとして決めました。

7　なぜ根回しが必要なのか（根回しは、本音を引き出す）

根回し

一般にネガティブな文脈で語られがちな『根回し』も、会議や交渉、説得を成功させるための立派な事前準備です。

根回しとは、辞書（大辞林第二版）によると、

①木を移植するに先立ち、根の周囲を切り詰めて細根を発達させておくこと。

②事を行う前に、関係者に意図・事情などを説明し、ある程度までの了解を得ておくこと。

とあり、もともとは造園用語のようです。

根回しには、次の３つの意義があります。

①誤解の回避
自分の意図を事前に参加者に伝えることができるため、誤解にもとづく当日の反対を回避できる。

②会議の充実
会議の場では集まりにくい各自の本音を事前に把握しておくことで、当日の議論の充実を図れる。

③本音を聞ける
会議など公の場所では口をつぐむことが多い日本人でも、一対一で、誰もいなければ、本音を漏らしてくれることがあります。「ここだけの話だけど・・・」という言いまわしです。

根回しとファシリテーション

数名規模で開催される会議でも、事前に根回しする（参加者と立ち話をするだけでも結構です）ことで会議レベルは格段に上がります。

ただし気をつけたいのは、根回しといっても会議当日の議論を事前に決定させるものではないということです。

それでは会議を行う意味がありません。会議の司会を任されたとき、あなたはファシリテーターとしての腕を見られています。

ファシリテーターとは、会議やミーティングを円滑に進めるために会議の進行を促す（facilitate/

ファシリテート）する人です。

ファシリテーターはあくまで会議の進行を促すだけで決裁者でも、キラーパーソンでもありません。どちらかと言えば中立な立場で会議を進行することが望まれます。

とは言え、根回しという事前準備をすることで、会議の充実が図られます。

ファシリテーターが根回しをする上で、次の質問をファシリテーターの自分自身に問いかけてみてください。

「あなたの職場においてあなたの望ましい状態は何ですか？」

「あなたの職場において、あなたの望ましい状態を達成するために誰に了解を取りたいですか？」

根回しする　○○さんの立場に立って○○さんの価値観を考えます。

「○○さん、ファシリテーターの望ましい状態を受容するには何が大切にされるとよいですか？」

ファシリテーターとして、シミュレーション。

「いつ伝えますか？」「どこで伝えますか？」

「何を伝えますか？」「どうやって伝えますか？」

修正するかどうかをチェック。

エレベーターピッチとは

これはスケジュールが取りにくいエグゼクティブに対して、唯一フリーになる移動のタイミング

〔図表 15　エレベーターピッチ〕

を狙い、エレベーターホールで上司を捕まえ降りるまでの1〜3分間で、必要な承認を得たり、責任がともなう判断を仰いだりすることをいいます。

もともとはアメリカ合衆国の大統領が核戦争などの緊急事態になったときに、エレベーターで地下のシェルターに降りるまでの３分間をいかに有効に使うか、という命題にマッキンゼー社が回答したのが語源だそうです。

３分間の基本構成はこんな具合になるでしょうか。

・主旨を伝える
・選択肢を伝える
・判断のポイントを伝える
・結論を伝える
・確認とアクションの確認をする

その間、相手は「ウン」「ウン」と頷いているだけでいい状況にするのが理想です。

ホウレンソウ（報告、連絡、相談）は、必要なときに必要なことをしっかりおさえることが何より大事です。丁寧さを気にして、目的を見失ってはいけません。

上司のスキマ時間を利用して、自分の仕事を片づけておくことは、回り回って上司のためにもなることです。必要以上の遠慮は不要です。

またエレベーターピッチは、自分の提案を承認してもらうときにも使えます。

そのために、短い言葉（約２００文字以下）で伝えられるようにまとめておくことが、重要です。

他にも総合病院や大学病院などの診療時間が3～5分しかない場合、医療受給者はエレベーターピッチと同様になります。


エレベーターピッチをつくってみましょう！！


あなたのプロジェクトを２００語以下で話せるように準備します。

誰かにプロジェクトをプレゼンする。

プレゼンされた人はプロジェクトに対して次の質問をしてあげてください。

「あなたのプロジェクトにおけるヴィジョンは何ですか？」

「あなたの革新的な変化（エボリューション）は、何ですか？」

「あなたのプロジェクトにおいて何が、他と差別化できますか？」

「その可能性がある結果についてどんな風に他と差別化できますか？」

「どのように、あなたはプロジェクトの中間目標を認識できますか？」

「あなたのプロジェクトにおいて、人々はどんな効率性、高品質、コストパフォーマンスをよくするのを可能にしますか？」

「あなたは、どんなタイプのリソースまたはサポートがプロジェクト成功のために必要としますか？」

プレゼンされた人はプロジェクトに対してリソースを提案してあげてください。

クライアントのプロジェクトに対してクライアント／顧客、投資家、チームメンバー、情報、紹介、ウェブリンク、本、その他に関して考えます。

「相手の特別なプロジェクトに対してどんな興味湧いてきましたか？」
※プレゼンを受けた人が無言で考える。

8　交渉と説得

交渉
交渉と説得は、異なります。
交渉は、双方がゴールを持って、臨みます。そして、お互いに自分のゴールを相手に呑ませることが、交渉の本質です。

交渉において、自分のゴールだけを考えると、決裂するか、力関係でWIN-LOOSE　になります。どちらの結果も長期的タイムフレームでは、より大きなシステムから排除されます。

例えば、20世紀末に、米ソの戦いは、ソ連の崩壊でアメリカの一人勝ち状態になりましたが、2019年現在では、中国、ロシア、イスラム諸国から警戒され、全世界というより大きなシステムから排除されるかも知れません。

説得

一方で、説得は、説得する側にゴールがあり、説得される側には、ゴールがありません。説得する側は、自分のゴールを相手のゴールにすることです。

顧客に対して商品を購入してもらうこと、上司からの承認を取り付けること、同僚から仕事の協力をしてもらう事など、ビジネスの場面ではたくさんの説得する場面があります。ビジネス以外でもプロポーズや、親に対して子供が小遣いの値段を上げること、友人に同じ部活に誘うことなどもまた説得です。

私たちの生活は、交渉と説得の繰り返しです。特に職場では頻繁に交渉と説得が行われています。ビジネスパーソンが気づいているかどうかに関わらずです。

三方よし

交渉と説得において、重要な考え方があります。

江戸時代の現在の滋賀県にあたる近江の国の商人たちが大切にしている「売り手よし、買い手よし、世間よし」という『三方よし』という商訓があります。

これは、コミュニケーションを取るときにあらゆる分野、場面で役に立つ考え方で、反対に売り手よしの一方よしでは、詐欺になります。

また売り手よし、買い手よしの二方よし、つまりWIN-WINでは、いわゆる談合やカルテルなど現在の法律の基では問題になることもあり得ます。まっとうなビジネスではありませんが、麻薬の売買も二方よしです。そして完全にビジネスではありませんが、1995年に起きたオウム真理教事件は典型的な二方よしです。教祖と信者のみの二方よしです。入信した信者の家族や、サリンなどによって多くの方が亡くなる痛ましい事件でした。世間よしではないから問題なのです。

そういう理由で三方よしであることはとても重要になります。

より大きなシステムから承認され、さらに長期的に健康的な関係が結べることが最大のメリットです。

そして三方よしが役に立つのは、ビジネスの説得や交渉の場面だけではありません。

カウンセリング、コーチング、コンサルティング、学校の先生などのティーチングなどもすべて三方よしで行うことが重要です。それが健康的なシステムや組織にとって重要です。

9　パブリックフィールド

暗黙のルール

パブリックフィールドは、名刺を交換する一歩手前の物理的距離にお互いが入れるフィールドです（図表16）。言い換えれば、ビジネスでは、最初にこの距離から始まります。そしてビジネスを除いても初対面の人はこの距離から関係性を構築します。

そして、このパブリックフィールドでは、オンタイムです。遅刻は厳禁で、早過ぎても商談が成立しないことがあります。

またパブリックフィールドでは、服装はスーツ、男性はネクタイ着用が暗黙のルールです。

特に相手のフィールド（会社や自宅）に訪問する際には、ほぼ絶対と言ってもよいかもしれません。近年、ＩＴ系の企業はノーネクタイが当たり前になっていますが、それでも初対面の顧客とは、ネクタイ・スーツが無難です。

これ以上近いと友人・知人とのフィールドになります。反対にこれ以上離れると嫌いな人、苦手な人との人間関係を表す物理的距離になります。

ただし、商談や提案を成立させるためには、パブリックフィールドをいかに縮めるかが重要になります。

〔図表16　パブリックフィールド〕

パブリックフィールドから距離を縮めることが苦手な人がいます。

苦手な人の多くの方は、「相手に嫌われたらどうしよう？」という思い込みがあります。

その思い込みは変えなくてもよいので、オブジェクト指向を思い出しましょう。重要なのは利益を出すことです。

そして三方よしで、利益が上がるとなれば、「相手に嫌われるかどうか」はさして問題ではありません。

反対に、どんなに仲良くなったとしても、利益が出ないのであれば、その商談は失敗です。

そのときは、次回に繋がるように、相手との良好な長期的関係性を構築することが次善の対応です。

商談がまとまらないとわかると態度を豹変させるビジネスパーソンが増えてきている感じを受けます。現在50代以上の方は、まとまらなくても、態度を変えません。

そのような方は信頼できますし、「次回は」と思います。

10　相手の懐に入る（パブリックフィールドからフレンドリーフィールドに入って味方にする）

サイコジオグラフィー

私たちは、立ち位置や座る場所によって、色々な意味を含ませます。

『上座、下座』などは上下関係を表します。

自動車の座席も運転手の後ろが最も最上位で、運転手さんが最下位です。

また、相手とFACE to FACEで対面すると、直接的なコミュニケーションになり、否定的な関係では、闘争関係になります。

このような、立ち位置や座る場所などが心理的影響を与える研究をサイコジオグラフィー（心理的地理学）と呼びます。

『懐刀』という呼び方があります。これは、最も頼りにしている腹心の家臣のことです。

名前の由来は、刀の長さが長すぎて、自分の懐に入られても切ることができない相手という意味です。

それなので、地理学的に懐に入ることは心理学的に信頼されやすいということです。

懐に入る

これをサイコジオグラフィーとして考えるなら、相手の真横に座ることが懐刀の位置にいることになります。

相手の懐に入ると、自然にフレンドリーフィールドからパーソナルフィールドへ入ることができます。ここから２つのメリットが生まれます。

①相手に無意識的に味方であることを伝えることになります。

②相手と闘争関係に入ることを回避することができます。

これは子供をカウンセリングするときにも、使えるテクニックなので、お子さんがいるビジネスパーソンの方は、対面で話を避けて、お子さんの横に並んで話を聞くことが、本音を聞きやすくなります。

言い換えれば、味方と思って欲しいと思う相手は上司から取引先、そして我が子まで、相手の懐に入ることが、相手との関係性を縮めます。

それはパブリックフィールドからフレンドリーフィールドへの移行が起きたと考えることができます。

世界観を共有する

パブリックフィールドからフレンドリーフィールドへ、そしてフレンドリーフィールドからパーソナルフィールドへ移行するたびに、相手の世界観を共有することがしやすくなります。

ＮＬＰでは「モデリング」と呼びます。モデリングすることで、相手のリソースや能力を自分のものにすることができ、そして相手の世界観に合わせたコミュニケーションスタイルを取ることができるので、より親和性を高めることができます。

子供が親のすることが典型的なモデリングです。

私の娘は18歳ですが、歩き方が妻と全く同じように見えます。ピョンピョンと上下に弾むような歩き方を2人ともしています。１００メートル先からでも歩き方で2人ともわかります。娘にマネしているのかを確認したところ、全く意識してなかったようです。

これが無意識的なモデリングです。そして第1章でご紹介（23頁参照）した「鵜呑み」もまたモデリングです。親の価値観や思い込み、前提などが無意識的に鵜呑みされているモデリングです。

またモデリングは意識的に分析的にも行えます。子供が親をモデリングするのは、モデリングする人物が目の前に居ることが必要です。

一方で意識的で分析的なモデリングは、著作からモデリングできます。あったことのない人や過去の歴史上の人物の著作物などから著者の思考パターンをモデリングすることもできます。

私は２０１２年にアメリカのＮＬＰ国際カンファレンスで、面識のないイチロー選手の「どうやって10年連続して２００本安打を達成したのか」というインタビュー記事からモデリングした成果を「長期的に成功する戦略」として発表しました。

第4章

心が9割ホッとする
嫌いな人とのコミュニケーション

1　サバイバルストラテジー

メタプログラム

私たちには何かを考えるときの癖があります。例えばよく言われるコップの中に水が半分入っているとき、Aさんは「コップの中に水が半分も残っている」、Bさんは「コップの中に水が半分しか残っていない」といいます。

同じ事実を見て、それに対する2人の考え方は異なっています。

Aさんは残っている水の飲めるよいことに注目しているので目的型、Bさんは既に飲んでしまった空のコップの嫌なことにフォーカスしているので問題回避型と呼びます。このような1つの出来事に対する考え方の癖を「メタプログラム」と呼びます。

サバイバルストラテジー

「サバイバルストラテジー」とは、人生や人間関係に対するアプローチを決める「メタプログラム」の一種です。サバイバルストラテジーがつくられるメカニズムは、ごく幼少期に確立される強烈な内的パターンによってです。「サバイバル」という言葉には、「肉体的に生き残る」という意味だけでなく、「心理的に生き残る」ことも含みます。そして「ストラテジー」とは戦略と訳され、元々

「将軍が戦争に勝つことを考える」という意味があります。今風に言えば、「ゴールに向かう経路を定める」と言えます。

例えば、親から虐待されている子供は生き残ろうとするというゴールへ到達するために、「子供が自分自身を駄目な自分」というレッテルを貼り、その子自身の成長と共に身につける思い込みや価値観に影響します。

サバイバルストラテジーの特徴と種類

通常、私たちはサバイバルストラテジーのパターンに気づくことがありません。

そして『闘争（攻撃する）』『逃走（逃げ去る）』『凍結（動かなくなる）』の3種類があります。

サバイバルストラテジーが発動すると「逃げなければいけない」と感じる、自分をわざと小さくて目立たない存在に見せようとする、頭の中が真っ白になる、感情を切り離してしまう、服従する、受け身になる、攻撃者にへつらおうとする、いかなる犠牲を払っても面子を保とうとして戦うなどの態度です。

ライオンや虎、熊などの捕食性の動物に対しては、異なるサバイバルストラテジーで対抗するのが一番だと言われています。例えば人間がクマに襲われた場合、死人のふりをして横になり、ひたすら受け身に徹するのがよいとされています。一方野生のライオンが近づいてきた場合、しっかりと大地に足を踏ん張り、自分をできるだけ大きく見せるようにしながらゆっくり後退するのがよいとされています。その動物に間違った戦略を用いた場合、悲惨な結末に終わってしまう可能性もあります（攻撃者から逃げようとする手段が、いかなる状況でも有効とは限りません）。

サバイバルストラテジーがもたらす結果は、私たちの核となるプログラムや機能の一部を形成します。これは人間の最も深い部分に刻み込まれたプログラミングの一部です。そのプログラミングとは私たち人類が共有し、他の動物から進化するために使ってきたものです。あらゆる生物が、何らかの形でこのサバイバルストラテジーを発展させる必要があります。

2　ヘルシーサバイバルストラテジー

健康的に生き残る

すべての戦略と同じく、サバイバルストラテジーを有効活用するには、様々な可能性をふまえ、状況に応じて柔軟に使い分けなければいけません。ところが多くの場合、私たちは1つの戦略にとらわれすぎたり、その効果を何にでも当てはめようとしたりしてしまいがちです。

その結果、不適切な行動をとり、しばしば自分の思惑とは反対に状況をエスカレートさせ、さらなるリスクを背負い込むことになってしまうのです。

こう考えると、自らのサバイバルストラテジーを定期的に見直し、その選択肢に「中心とつながる、受け入れる、許す、コミットする、その場の状況に合わせる」などの可能性を組み込むことがいかに大切かわかるはずです。サバイバルストラテジーは、私たちの生き残りに深く関わる重要戦略のため、単なる表面上の調整では内容を更新することができません。サバイバルストラテジーの更新とは、主要な人生の状況を見直し、新たなリソースを持ち込むことなのです。

適応：ある特定の環境において、生存するために、自己を変革すること。
逃走↓移動：ある特定の環境において、生存するために、その環境から他の環境へ移ること。
闘争↓改変：ある特定の環境において、生存するために、環境そのものを変形すること。
凍結↓受容：ある特定の環境において、その環境条件に対して、何もしないこと。
逃走↓移動によって震災を生き残る

「震災では火災から身を守るのに最も重要なことは手荷物を捨てることです」

～「日本人「再生」と「復興」の１００年」より引用～

このことから最も重要なことは、生き残ることを最優先し、逃げることです。

最初の５分間で何ができるか！

ここから２００４年に発生した中越地震における震災をサバイバルした田村 康二医師によって著された『「震度７」を生き抜く─被災地医師が得た教訓』より引用します。

揺れが収まれば、何はさておきサバイバルのために行動しなければならない。
警告：最初の５分間にはこれをする。

①明かりを確保すること
②逃げ口のドアを開けて確保すること
③頭を座布団で保護すること

遠くに逃げるのもいい手段

２００４年の中越地震では、地震後間もなく、東京まで12時間以上もかけて避難した人々もいた。では、長岡から柏崎を経由して長野に行き、東京へ向かった人もいれば、新潟市から福島に抜けて東京へ12時間かけてたどりついた知人もいます。

こうした事態では、被災現場から逃げ出したくなるのは当然です。これはストレスを軽減するという点からはまことに適切な行動です。「三十六計逃げるにしかず」であり、実際、被災現地には保安要員以外は不要だと思うからです。

『「震度7」を生き抜く—被災地医師が得た教訓』から『逃走のサバイバルストラテジー』を読み取ることができます。

逃走のためのサバイバル3つについて記述されています。その特徴としてサバイバルストラテジーは、時間の経過と共に変化することがわかります。

①最初の5分間が生死を分けるときから地震発生後48時間のサバイバル
②48時間以後のサバイバル

③生涯引きずっていくストレスからのサバイバル
逃走⬇移動のサバイバルストラテジー
逃走⬇移動のサバイバルストラテジーを要約すると、「極限的な危機状況においては、逃走が最優先される」
極限的な危機状況における逃走戦略を一般化すると、次のようになります。
①視界を確保して。逃走経路を確保する
②逃走時に自己を防御する
③完全に安全であるところまで逃走範囲を拡張する
④時間によるサバイバルストラテジーの段階を決定する
凍結⬇受容のサバイバルストラテジー

吉田茂の対米外交

吉田茂は、太平洋戦争で日本が敗戦した後に、日本の総理大臣となった外交家であり、政治家です。太平洋戦争の敗戦後、アメリカＧＨＱによる軍備放棄、民主化、新憲法制定、再軍備などの占領政策を受け入れ、サンフランシスコ講和条約を終戦から６年後の１９５１年９月８日に締結します。

ＧＨＱの総司令官であるマッカーサー元帥と渡り合い、戦後日本の基礎をつくります。多数の官僚（池田勇人・佐藤栄作など）を政治家へ転身させ、官僚政治の基礎をつくったと否定的な評価もあります。
太平洋戦争の終結後、「日本人がGood looser(良き敗者)である」ことを受容します。「占領軍の政策について、それが日本の実情に合わないときには、はっきり意見をいう。しかしそれでもなお占領軍の言い分どおりにことが決定してしまった場合は、それに従い、時がきてその誤りや行きすぎを是正することができるようになるのを待つ」と述べています。

極限的な危機状況における凍結➡受容戦略

「極限的な危機状況における受容は、中心軸と境界線を保って行わなければならない」
①自己肯定感を確立して、自己と環境との間に適切な境界線を設定する
②受容からの転換点を決定する
③環境からの影響を受容する
④環境をカリブレーションする
闘争➡改変のストラテジー

重野安繹の対英外交

横浜郊外の生麦村で薩摩藩の行列を乱したとされるイギリス人を殺傷した生麦事件(1862年9月14日)が発生し、解決を迫るイギリスと薩摩藩の間で1863年8月15日から戦われた鹿児島

湾における戦闘です。薩英戦争後の交渉が、英国が薩摩藩に接近する契機となりました。この交渉に当たったのが重野厚之丞、後の重野安繹です。

重野安繹は江戸時代末期から明治初期に活躍した漢学者、歴史家です。

第一回目の会談生麦事件と戦争責任の問題については、双方とも主張を譲らず対立しました。話し合いは平行線を辿り、この日は物別れに終わりました。

第三回目の会談で交渉は大きく進展しました。理由は、薩摩側が『フレンドシップ』の姿勢を前面に出してきたからです。

重野は「お互いに『フレンドシップを取結ぶ』ためだと思ってほしい。ついては、２つ頼みがある」と交渉相手のイギリスに要求を伝えました。

「1つは軍艦を一隻買いたいので、周旋してもらえないか。『フレンドシップの証し』が、立てばわれわれの面子も立とう」

「2つ目は鹿児島湾における戦闘において捕虜となった藩士をわれわれに戻してくれまいか。これも『フレンドシップの意』を表すことになろう」

こうして、イギリス側が思いもよらなかった『フレンドシップ』をキーワードに、交渉が始まりました。藩士の問題はすぐに解決し、ついで話題は軍艦購入の件に移りました。イギリスは軍艦購入の周旋はできないと断ってきましたが、すかさず薩摩側はこう『フレンドシップ』を持ち出しました。「イギリスの軍艦を買うことで、『フレンドシップの意』を表したいのだ」真摯な姿勢に押されて、イギリス側もついに折れます。これ以降の交渉は、和気あいあいの雰囲気の中で、最後に、薩摩側はきわめて重要な発言をします。イギリス留学生の派遣についてです。

極限的な危機状況における闘争➡改変戦略

「極限的な危機状況における闘争は、最終的に共存の道を探すことにある」

①中心軸に繋がる

②自己の境界戦を確立する

③環境（相手）を分析する

④共有できる価値を提示する

⑤相互に利益をもたらす解決策を提示する

3　ネガティブポライトネス

敬して避ける

ポライトネスとは「言語のもっぱら対人関係の確立や維持・調節にかかわる働きのことである」と言うことはお伝えさせていただきました。

第2章では、ポライトネスのうちのポジティブポライトネスをお伝えしました。

本章では、ネガティブポライトネスが主題となります。

ネガティブポライトネスは、「敬して遠ざける」または「敬避的遠隔化」とも呼ばれます。

ネガティブポライトネスを物理的距離に転用する

苦手な人、嫌いな人との関係性をよくしようとはせず、ネガティブポライトネスを物理的に使って、相手からの影響力を減らしていきます。

①同じ空間を共有しない
②物理的に距離を取る
③相手の視界に入らない
④相手を自分の視界に入れない

ネガティブポライトネスを行動に転用する

実際のコミュニケーションにおいても、行動としてB.A.G.E.L.モデル（図表20参照）をネガティブポライトネスにマッチさせることができます。

その場合も、相手に気づかれないように、敬避することが重要です。

①姿勢は、対面しない
②ゆっくりと話、沈黙を保つ
③できるだけ動かない

④相手に視線を合わせない
⑤敬語を使う

4 透明人間と薔薇

サブモダリティ

リチャード・バンドラーによって提唱されたトピックです。

バンドラーはサブモダリティを「思考の最小単位」と定義しています。

VAKにそれぞれありますが、その性質上、アナログサブモダリティとデジタルサブモダリティに分類できます。

①アナログサブモダリティは、連続的な変化です。視覚なら明暗、聴覚なら高低、体感覚なら温冷などです。

②一方でデジタルサブモダリティは、不連続的または離散的変化です。視覚ならモノクロ・カラー、聴覚ならヴァイオリンの音とピアノの鍵盤による音の高低、体感覚なら痛みの有無が場所による変化はデジタルです

(1)視覚
①アナログサブモダリティ

明／暗、大／小、遠／近、etc.
②デジタルサブモダリティ
モノクロ／カラー、平面／立体、静止画／動画
(2)聴覚
①アナログサブモダリティ（レコードの音）
高／低、大／小、速／遅、etc.
②デジタルサブモダリティ（CDの音）
ヴァイオリンの音／ピアノの鍵盤による音
(3)体感覚
①アナログサブモダリティ
温／冷、大／小、強／弱、etc.
②デジタルサブモダリティ
滑らか／ざらざら、有感覚／無感覚

透明人間

苦手な相手のイメージのサブモダリティを透明にして、音声はアナログのサブモダリティ（言語ではなく意味もない）にして、遠くの音楽プレーヤの音としてＢＧＭにします。

〔図表17　透明人間と薔薇〕

⑯の薔薇（あなたをイラ立たせる人々への対処法）

おとり用のバラを相手に向けてパーソナルフィールドの外に置きます。

あなたのパーソナルフィールドから生み出したバラに名前をつけ、あなたをイライラさせたり、コントロールしようとしたり、責任転嫁したり、何かをやらせようとしたり、他人がやろうと企てていることを吸収してもらいます。

あなたの代わりにおとり役のバラに人々の注意が導かれるようにするのです。

衛星受信機や鏡を用いて人々のフィールドからやってくるエネルギーを送り返し、あなたの頭の中に入り込んだ他人が原因となっている信念、前提、洗脳、マインドコントロールから解放されます。

・Rさんは職場で周りの人々に常に邪魔をされ、商品の棚卸に数日間もかかってしまいました。

次回は「私を一人にして」というメッセージを込

めた『防御のバラ』を創り、わずか1日で棚卸を終えることができました。

・Bさんのパーソナルフィールドをカリブレーションすると、Bさんが自分の周囲の最も強い感情である『仕事の矛盾』と、彼女とその夫が離婚を決意したことによる『混沌とした感情』とを関係づけているのが見えました。彼女は無意識的に否定的なことを癒そうとしていたようですが、その『関連づけ』がますます状況を悪化させ頭痛の原因になっていました。職場で威張り散らしている人は傷ついた彼女に付け入ってきました。Bさんは背中にダーツの的がついているようだといいました。すぐにそれを悟った彼女はその『的』をはずしバラに置きかえました。彼女は「職場でいじめられないようになりたい」と言いましたが、私たちは彼女自身が変わることによっていじめる人が『的』を探せなくすることが一番の解決策だと合意しました。

パーソナルフィールドがイメージを使って黄金の太陽で自動的に満たされるのと同時に、２つのバラの機能が「自動創作と自動破壊」をするようにセットしましょう。

5　価値とは／価値観とは

価値とは

「本質的に貴重であり、望ましい原則、特性または実体」

『Encyclopedia of NLP』より引用～

一般的に古代ギリシャ時代の哲学が論議してきた「真・善・美・愛」あるいは中国儒教の「仁・義・礼・智・信」など人間社会の存続にとってプラスの普遍性をもつと考えられる概念です。

価値観とは

何が大事で何が大事でないかという判断、物事の優先順位づけ、物事の重み付けのシステムです。言い換えると、価値観はいくつもある価値の階層構造です。優先順序がそこには存在しています。

価値観の変遷

日本においては、縄文・弥生時代の自然崇拝、精霊崇拝、先祖崇拝を起点にして、神道が生まれ、6世紀に仏教、16世紀にキリスト教が伝来し、17世紀に朱子学（儒教）が発展し、19世紀に明治維新、20世紀に太平洋戦争、平成において2度の震災を経験し、日本固有の価値観が形成されていきました。

平成から令和に移り変わり、また新たな価値観が生まれることでしょう。

価値の例

成功、賞賛、承認、責任、喜び、愛、受容、達成、創造性、健康。

〔図表18　価値観とゴール〕

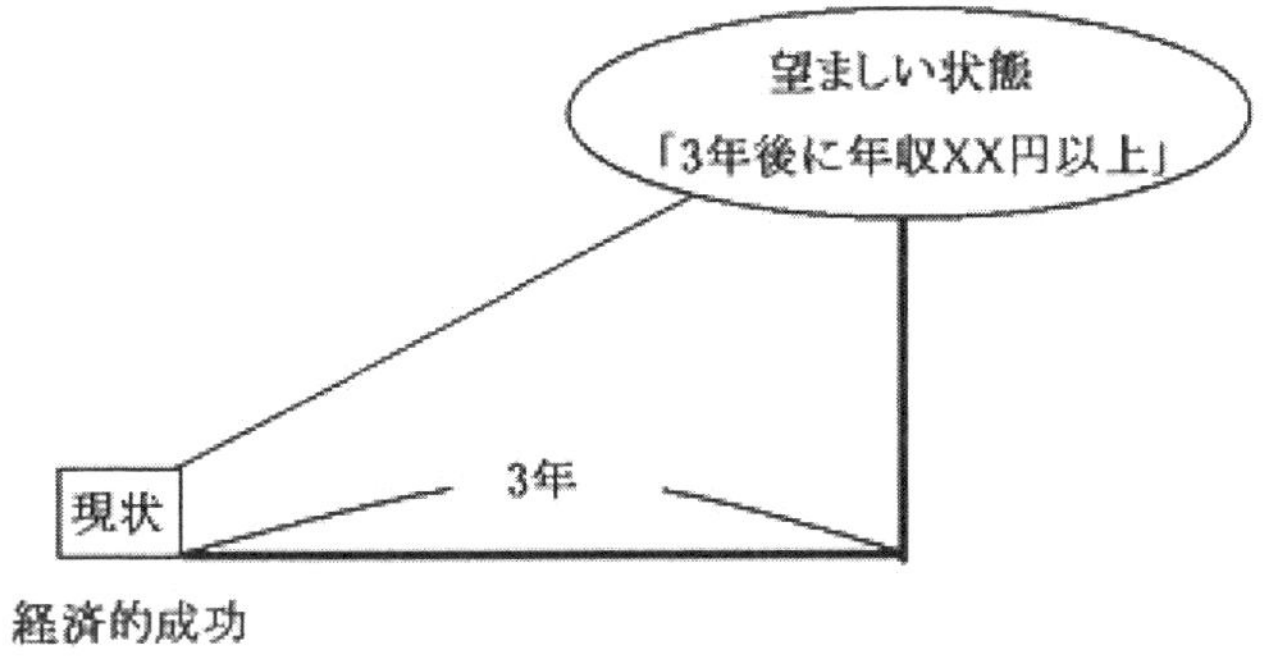

価値／価値観の特徴

①価値は望ましい状態の源

タイムラインの未来に具体的に設定された望ましい状態を生み出す基になるものです。

例‐「３年後に年収××円以上」という望ましい状態を設定する人の価値には『経済的成功』があります。

②価値はあいまい

五感とはかけ離れている抽象的な概念です。価値は、時代、地域、民族、思想、宗教、教育によって個人の相対的な概念。

例‐成功、責任、創造性などの名詞化。

③価値はモチベーションの源

例‐一価値観（価値システム）には階層構造（ヒエラルキー）が存在し、より上位の価値は、下位の価値と比べて、高いモチベーションをもたらします。

④価値は境界と意味の源

人が物や出来事を他の何かと区別すること（境界を創

る）です。その物や出来事の意味を与える方法を生み出すことです。
例‐「ユニークさ」という価値をもつ人は、新しくて異なる経験と状況を絶えず探すか、創り出します。
⑤価値は戦略の源
例‐「論理性」という価値を重要視している人は聴覚の表象システム（図表19参照）を主に使い、物事を論理的に分析し、「問題をみつける」という戦略で行動します。

価値と言語パターン

価値を表すのに用いられる言語は非常に抽象的で、感覚に基づいていません。価値を表現する言葉は一般化、省略、歪曲により、価値の言葉は多くの「人による違い」を含みます。

言語学的には
〈名詞化（動詞を含んでいる名詞にすること）〉
「成功」、「安全性」、「愛」、「完全性」
〈判断〉
「良い」、「悪い」、「危険」、「役に立つ」、「正しい」、「美しい」「非論理的」、「貴重」

論理学的には
〈必然性の様相演算子〉

「すべき」、「しなくてはならない」、「〜は必要である」、「〜は重要である」
〈普遍的演算子〉
「いつも」、「毎回」、「まったく」、「常にすべき」、「決してしてはいけない」、「常に重要である」

嫌いな人や苦手な人は、価値観が異なる

ここまでお伝えしたことからもおわかりのように、嫌いな人とは価値観が異なります。もう少し言えば、価値の優先順序が異なります。

「経済的成功」が優先順序の上位にある人と、「貢献」が優先順序の上位にある人では、仲良くなるのが難しいのは自然なことです。

ここで、重要なのは嫌いな人とどのような関係性にしたいかということです。

仲良くなりたいか、嫌いのままでよいのか、どちらが正しいのでもありません。

それを決めるのもあなたの価値観です。

6　信念

信念とは

「信念〈Belief〉とは行動を生み出す深層構造である」と定義しています。

人間の行動は「信念」あるいは「思いこみ」とよばれる、いささかやっかいなものを中心に組み立てられていると見ることができます。あることが重要だという場合も、重要でないという場合も、それぞれの信念に基づいた発言なのです。

信念は、行動に対するより大きなフレームワーク（枠組み）の1つを意味します。

〜リチャード・バンドラー著『〈Using your brain, 邦訳：神経言語プログラミング』より引用〜

信念は経験と経験の間にある関係性についての一般化です。

〜ロバート・ディルツ&ティム・ハルボーン&スージー・スミス著『Beliefs』より引用〜

信念は、ＮＬＰにおける変容と学習で最も基本的なレベルのうちの1つと考えられます。

〜ロバート・ディルツ著 Changing Belief System with NLP より引用〜

信念は、私たちの『深層構造』の重要な構成要素のうちの1つです。

〜ロバート・ディルツ&ジュディス・ディロージャー著『ＮＬＰの百科事典』より引用〜

信念と神経システム

ディルツは、「信念は人間の脳の古くて深い部分（大脳辺縁系、視床下部）と関係する」と主張しています。脳のこの部分は自律神経系、長期的な記憶、感情と関係しています。

自律神経系は、私たちの身体的な反応のうち、自らの意志でコントロールできない反応と関係しています。

循環：顔色や手足の色、体表の温度、動悸
呼吸：咳、呼吸量（気管支の開き具合）
体表：発汗、鳥肌、皮脂
目：眼球の一点固定、涙、瞳孔の大きさ
耳：色の変化
口：唇の厚み、声のかすれ（唾液量）
内臓：グル音、緊張

前記の身体的反応が変化しているときは、ニューロロジカルレベルの信念・価値観レベルとの関係があり、カリブレーションするときのポイントになります。

信念と重要な他者

力づける信念、そして制限する信念のどちらも、重要な他者からのフィードバックによって構築されます。

私たちが信念を選択することができるということに気づく前に、私たちの信念の多くは両親、先生、社会的な躾とメディアによって子供のときに、私たちにインストールされます。

言い換えれば、「鵜呑み」であり、「無意識的なモデリング」であり、一種の洗脳でもあります。

なぜなら、その信念が良い悪いの判断ができないときにインストールされるからです。

信念の特徴

①信念は抽象的である→広い範囲の影響を与える→信念を扱うことはあらゆる分野に応用できます。

例　出る杭は打たれる→あらゆる場面で制限的に信念が作用する⇕信念が変わると広い範囲で影響を与えます。

②信念は、論理または合理的思考を通して変えるのが困難です。

「頭ではわかっているけど・・・」「理屈ではそうなんだけど・・・」

③信念は、無意識的なプロセスです。

「自分では、そんなふうに思っていなかったからビックリ・・・」

④信念の階層

信念についての信念、「信念についての信念」についての信念、のように、いくらでも高次の信念が考えられることです。

信念の目的と影響

①私たちの信念の主要な目的は、価値を自分たちの経験の他のレベルあるいは経験の他の部分に結びつけることです。

②信念は、特定の能力と行動に対して動機づけもしくは許可をします。

③信念は出来事がどのように意味を与えられるかまたは出来事の解釈について決定します。

④信念は、私たちの無意識的な反応に対して、基本的な生理的機能の変化をもたらします。
（汗、涙、顔色の変化等）
⑤私たちは、信念が真実であることを証明しようと行動を組織化します。
（例　悪い占いを信じるとその通りに行動すること）
⑥信念は注意を1つの領域に集中させ、他の領域からの情報をフィルタリング（取捨選択）傾向があります。
（省略機能－「人は見たいように見ること」）
⑦信念によって発生する予測がより深い神経システムに影響を与えるので、そのような予測は劇的な生理的影響を生じることがあります。（偽薬効果）
⑧信念という『深層構造』は、私たちの思考と行動という『表層構造』を形成し、創造します。
嫌いな人や苦手な人は、信念が異なります。

既述したように価値観は人間関係に大きな影響を与えます。それと同様に信念もまた人間関係に影響します。「人生で最も重要なことは仕事で成功することである」という信念を持つ人と「家族と幸せであれば、他には何もいらない」という信念を持つ人では、やはり仲良くなることは難しくなります。
※『表層構造』『深層構造』とは、アメリカの言語学者ノーム・チョムスキーが1960年代に考案した言語学の用語で、NLPでは敷衍して行動が表層構造、信念が深層構造という使用をしている。

7　影と悪魔

影

心理療法では、『影』というのは重要なキーワードになります。

影とは、自分自身が生きてこなかった自分の側面です。

例えば、「自分は人を嫌いになってはいけない」と思っている人が、「嫌いな人がいる自分」は受け入れられないので、影になります。

この場合「自分は人を嫌いになってはいけない」という信念が制限となっています。この信念が悪魔を生み出します。

悪魔

影によって映し出された自分以外の人のことです。

映写機から放たれた光がスクリーンに映像になります。その映像は、影によって光がスクリーンに映らないところが映像になります。

スクリーンは、本来何もない真っ白なスクリーンです。

つまり、私たちの影が嫌いな人をスクリーンにして映し出している相手が悪魔です。

光を当てていると悪魔は、消滅します悪魔だと思っていた嫌いな相手に光を当てると、相手は影によってできた悪魔ではなく、光の当たったスクリーンに過ぎないことに気づくと思います。

そして悪魔ではなくなっていれば、その人との関係性が変わります。

もう1つ、光を当てる場所があります。

それは、あなた自身の影です。

影は、既述したようにあなた自身が生きてこなかった側面です。そのことを知ることが光を当てることです。その上で、影の部分を少し生きるのも人生を彩る人間関係に変化が起こります。

8　表象システムとストラテジー

五感と表象システム

私たちは、自分の外からの刺激を五感で受け取っています。

視覚、聴覚、身体感覚、嗅覚、味覚です。

さらにＮＬＰでは、視覚Visual、聴覚Auditory、身体感覚、嗅覚、味覚を合わせて体感覚Kinesthetic　のイニシャルを取って『ＶＡＫモデル』と呼びます。

そして、私たちは、五感から入ってきた光、音、感覚を脳の中で情報処理をします。

そのときに、言葉を使います。ただし、言葉を使っているかどうか自覚しているかどうかは、人により、場合によります。

それによって、「走ったり、歩いたり」や「涙がでたり、汗が出たり」「怒ったり、笑ったり」などがプログラミングされています。

これが光↓脳↓反応・行動という一連のシステムを「表象システム」と呼びます。

表象システムは、視覚優位、聴覚優位、体感覚優位にわかれます。

各表象システムの優位タイプは、それぞれ行動、思考、価値観が異なります。

表象システムが異なる人とはコミュニケーションスタイルも異なりますので、必然的に苦手な相手になります。

視覚優位の人は、聴覚優位、体感覚優位の人を「遅い」「だらしない」ように見えてしまいます。

聴覚優位の人は、視覚優位、体感覚優位の人を「非論理的」「感情的」のように思えてしまいます。

体感覚優位の人は、視覚優位、聴覚優位の人を「冷たい」「非人間的」のように感じてしまいます。

言い換えると同じ事実の世界に居ても、表象システムが異なると、違う世界の人間に思えます。

まずわかり合えないというところから、コミュニケーションを始めることはわかり合うために、とても重要です。

ストラテジー（戦略）

既述したＶＡＫの順序を組み合わせると、様々な効果的な思考と行動へと導いてくれます。

〔図表 19　優位表象システムの各優位型の特徴〕

	視覚	聴覚	体感覚
思考・パターン	直観的 情報の全体的な統合	論理的 情報の配列	感覚・情緒的 情報の現実化
長所	頭の回転が速い 絵画的表現 モデリング	話の筋が通っている 言語に対する厳密性 定義づける傾向	情け深い・優しい 鋭敏な身体感覚 共感
短所	話題が飛ぶ 周囲がついて来ない 非難者 憶測・歪曲	柔軟性に乏しい コンピュータ	感情に取り込まれやすい 懐柔者

例えば、記憶（スペリング）ストラテジーでは、A→C→K→終了という表記になります。「book」という単語を記憶するときに「ブック」という音声Aを聞いたとき脳内イメージでbookという文字が浮かびV、その文字が身体感覚に一致Kしているかどうかを確認して一致していれば、bookという単語を記憶したことが確認できて終了になります。

英単語のスペルを音声で覚えると記憶できません。それは英語のスペルが音声と一致していないからです。

そして、私たちが人を嫌いになるときにも、ストラテジーによる場合があります。

もしも嫌いな人に何か共通のパターンがあるなら、特定のストラテジーを持っている場合があります。

例えば、淡々と論理的に話している人の声を聞く（A）と腸が煮えくりかえる感じがして（K）薄ら笑いを浮かべているように見える（V）そうするとさらに怒りが増してくる（K）。

A→K→V→Kという戦略がわかります。

このストラテジーを変えることで、嫌いな人になる反応を変えることができる場合があります。

まず深呼吸して（K）から、淡々と論理的に話している人の声を聞き（A）、呼吸が深くなると（K）相手の顔は普通に見えるかもしれません（K）。

K→A→K→Vという戦略が変化します。

そうすると嫌いな人が、そうでもなくなる可能性があります。

〔図表２０　表象システムを見分けるポイント〕

	視覚	聴覚	体感覚
姿勢 Body Posture	背筋を伸ばしている	左右が不均衡	背筋を丸めている
声 Auditory cue	高い、速い	普通、平坦	低い、ゆっくり
動作 Gesture	手のひらを下へ向ける 見えているイメージを指差す	腕組みで動かない テレホンポジション 耳、のどに触れる	手のひらを上に向ける 身体に触れる
眼球 Eye Movement	上方左右	水平左右 （内的会話は左下）	右下
言語 Language	見える、思い浮かぶ、眺める	聞こえる、考える、思う	感じる、味わう、抱く

9　ニューロロジカルレベル

フォーカスしているレベル

私たちの人間関係に大きな影響を与える要素として、出来事に対するフォーカスしているレベルが異なります。

人を含む動物が何かを学習したり、誰かとコミュニケーションを取ったりするときに、階層構造があります。

サル同士が噛むという行動を取るときに縄張り争いのときもあれば、単にじゃれているときもあります。

縄張り争いの噛む行動は『攻撃』という意味になります。じゃれているときの噛む行動は『遊び』という意味になります。

人間も同様です。自分が失敗したときに笑われたときと自分が幸せなときにそれを一緒に笑ってくれるときとでは、意味が異なります。

このように行動とその意味ではレベルが異なります。これを理論としてまとめたのが文化人類学者のグレゴリー・ベイトソンです。『学習とコミュニケーションに関するロジカルレベル』という論文に書かれています。

〔図表21　ニューロロジカルレベル〕

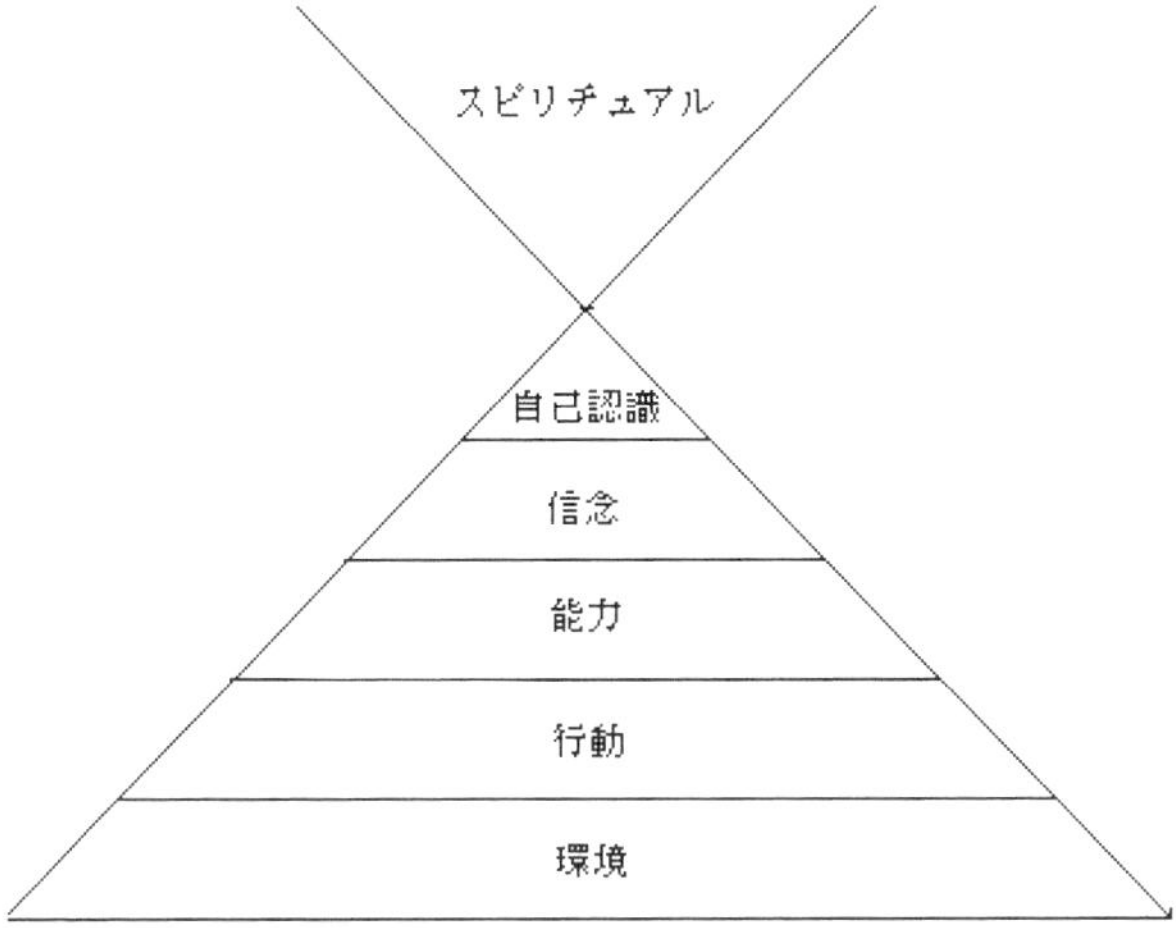

この論文を基にして、ベイトソンの生徒だったＮＬＰトレーナーであるロバート・ディルツによってロジカルレベルに神経系の機能を組み合わせた「ニューロロジカルレベル」として開発発展させました。

ニューロロジカルレベル

ニューロロジカルレベルは、６段階の階下位レベルから（図表21）。

環境レベル

環境とは、私たちが行動を起こす外的状況です。そして私たちが自分たちの「外側」に存在するものとして知覚していることです。それら環境は、個人またはグループをとりまく部屋、気象状況、食物、雑音レベルのような要因から成り立ちます。

この環境レベルでは、人が外界にある出来事を入力するレベルです。

つまり、何かを見たり、聞いたり、身体の感覚を感じたりするレベルで、例えば、今日、東京は雨が降っていて、雨音が聞こえ、そして外は肌寒いなど時間や空間の情報を取り入れるレベルです。

このレベルではWhen?（いつ?）、Where?（どこで?）という質問によって明らかにしていきます。

行動レベル

行動は、私たちを取り巻く環境と相互に作用する特定の身体的な活動と反応に関するものです。特に意識的な活動に関係があります。

この行動レベルでは私たちが実際に身体を動かして何かをするレベルです。

例えばグラウンドを走るというような大きな動きから歌を唄う、本を読むなどという、あまり大きな動きではないけれど、意識的に筋肉を使って行われる活動全般を指します。

このレベルではWhat?（何を?）という質問によって明らかにしていきます。

能力レベル

能力は行動全体に関するコントロールつまり、「何かをする」ことについての方法を知ることです。

能力は私たちがどの行動を取るかということに関しての選択肢の選択に関係します。

そしてその選択肢に関するメンタルマップの開発から生まれます。

私たちが、学んだことを異なる状況においても、使うこと（一般化すること）ができるのは能力レベルの機能です。

能力レベルの機能は、特定の目的を達成するのに必要な認知と方向性を提供することです。

能力は、私たちの信念と価値を具体的な行動に変えることを可能にします。

能力レベルとは人が行動するためにマインドで描いている、計画や戦略です。

例えば料理をするとき材料を洗って、切って、火にかけて、味付をして、盛り付ける。

こういった一連の手順を考えるレベルです。

行動するための知識やスキルそしてリソースを含みます。

このレベルではHow?（どうやって？）という質問によって明らかにしていきます。

信念・価値観レベル

信念・価値観レベルは私たち自身、他の人そして私たちの周りの世界についての基本的な判断と評価に関するものです。

つまり私たち自身を含めた出来事にどんな価値や意味づけをするのかというレベルです。

このレベルでは人生の信念と言われるものからちょっとした思い込みまでを含みます。

「男は泣くべきではない」や「良いことの後は悪いことが起こる」というものも信念になります。

こういった信念や価値観はその人の能力と行動をサポートしたり、動機づけたりする、一方で、制限することもあります。

このレベルではWhy?（なぜ?）という質問によって明らかにしていきます。

アイデンティティレベル

1つのシステムとして信念・価値観、能力、行動、環境を取りまとめているのが自己認識で、自分がどのように自分の事を認識しているかということです。

自己認識の感覚は、大きなシステムの中で自分がどのような「役割」「目的」「使命」を担い、その一部として存在しているのかを決めている認識にも関係しています。

例えば、集団の中での役割（家族の中では父親、母親、子供、学校では先生、生徒、職場では上司、部下など）を表します。またある性格（お調子者、頑張り屋）やこれまでのその人の個人的な歴史（成功者、負け犬）を表したりもします。

このレベルではWho?（だれ?）という質問によって明らかにしていきます。

スピリチュアルレベル

スピリチュアルは私たちを取り巻くより大きなシステムの中にある他の「誰か」そして他の「何か」に対する私たちの繋がりに関連しています。このレベルでの経験の変化は、私たちの人生に意味と目的を与える「アウェイクニング・気づき」の形でやってきます。

スピリチュアルは人類学者とシステム理論家グレゴリー・ベイトソンがより大きなシステムの中で万物に「つながるパターン」と呼んだことです。この種の状態では、「自己」と「他者」の境界はもはやありません。

スピリチュアルレベルは、何かの一員であるという感覚に関係があります。

家族の一員、会社の一員、チームの一員、社会、世界、大自然の一員という感覚です。

例えば、大自然に触れて、感動したり、信仰をお持ちの方はそのときの体験かもしれません。

身近なところではスポーツの団体競技などで、「チームのために」とかビジネスの方は「このプロジェクトチームのために」などがあげられます。

私たちに人生の大きな目的や意味そしてヴィジョンをもたらすのはこのレベルでの体験です。

このレベルではFor Whom?（誰ために？）For What?（何のために？）という質問によって明らかにしていきます。

嫌いな人とはフォーカスしているレベルが異なります

例えば、具体的な業務（行動レベル）にフォーカスしている部下とプロジェクトの計画（能力レベル）にフォーカスしている上司では対立する関係性が起こり得ます。

子供の「学歴」（能力レベル）を気にするお母さんと子供の「勇気」「思いやり」（価値観レベル）

大切にしているお母さんでは、仲良くなれないのも当然です。

10 メタプログラム

思考の癖

既述したように思考の癖である『メタプログラム』は、私たちの考えの方向性を決定します。

メタプログラムは、およそ60種類くらいあります。

考える方向が異なれば、仲良くなることができないのは当たり前です。

旅行に行くときに、行き先だけ決めて、旅程を行き当たりばったりで決めている人をオプション型といいます。反対に旅程を、きっちりかっちり計画を立てて、時間通りに旅をする人をプロセス型といいます。

2人だけで旅行に行くと、もめる可能性が高くなります。

タスク志向型の夫は、家庭でも仕事をし、家族を省みないかもしれません。そして関係性志向型の妻は、夫との会話を楽しみにしているかもしれません。その夫婦はいつか上手くいかなくなるかもしれません。

思考の癖、つまりメタプログラムは、価値観と相互作用しています。

「権力」という価値にフォーカスを置いている人は「提携」という価値を強調する人よりも、主体的で内部参照型などになるでしょう。

「提携」という価値にフォーカスを置いている人は「権力」という価値を強調する人よりも、客体的で外部参照型などになるでしょう。

重複しますが、価値観の相違が嫌いな相手となる可能性が高くなるのと同様に、思考の癖であるメタプログラムの相違が嫌いな相手になる可能性が高くなることは自明の理です。

違いから始める

ここまでお伝えしてきたように、基本的に人は全く同じ世界観を持っている人は存在しません。言い換えれば、異なる世界観を持っていることを前提にして、コミュニケーションを取ることが重要です。そしてそのことを自覚した上でコミュニケーションを取ることです。

それでも嫌いな人は嫌いでよいですし、ニュートラルな関係になることもあるかもしれません。さらに仲良くなる可能性もあるかもしれません。

しかし、後述しますが日本人は同質性の高い民族です。

単一民族で、単一言語でコミュニケーションを取ります。

同じであることが当たり前なので、違いを受け入れることが苦手です。

それが「出る杭は打たれる」ということわざに現れています。

そして「村八分」のいじめに遭います。

言葉の癖

メタプログラムは思考の癖であると同時に、言葉の癖でもあります。

これは脳が情報処理する時に言語を使うからです。それを『内言』と言い、通常の他者とのコミュニケーションに用いる言語を『外言』と言います。

内言は意識にのぼらないことも多く、話す速度よりもかなり速いと言われています。そのために無自覚的になりやすいのです。

例えば、問題回避型というメタプログラムがあります。

安全、安心を大事にして失敗を避けます。

それが良い悪いではなく、バランスが大事です。

そして問題回避型の人は、否定形で文章が多くなります「失敗しないように」「問題が起こらないように」などです。

本人は、指摘されるまでほとんど気がつきません。なぜならば、多くの場合、子供の頃に培ったプログラムだからです。

そして、変えようとするよりも増やそうとすると、より人生が豊かになります。

問題回避型の対極は目的型とか到達型と呼ばれるプログラムなので、そちらへ言語と思考を拡張すればよいのです。

そうすると苦手な人も上手く対応できる確率が高くなります。

第5章　心が9割ホッとする生成的なコミュニケーション

1　生成的なコミュニケーションとは

創造的と生成的の違い

クリエイティブや創造性という表現は、よく聞きます。

新しいアイデアや、革新的なアイデアを出すことをここでは、「創造的」と呼びましょう。

創造的なコミュニケーションは、とても重要です。

そのためには、既存のルールやマナーを、一旦度外視して、お互いのアイデアについて、良し悪しを判断することもしないことが重要です。

一方で『生成的』とは、創造性が反復して起こることです。

そのために、お互いの存在が共鳴する存在ということを大切にしていくことです。

生成的なコミュニケーションも、既存のルールやマナーを度外視して、相手のアイデアを評価しないことは、同様です。

生成的なコミュニケーションは、さらに相手のアイデアを含みつつ、自分のアイデアが自然発生的に湧いてくる状態です。

創造的がどちらかといえば、より意識的で、生成的は、完全に無意識的です。

「アイデアを考え出す」のではなく、「アイデアが湧いてくる」のです。

生成的なコミュニケーションのとき、そこに存在する人には、そのアイデアがどこからやってきたのかさえわかりません。

そしてどこへ行くのかもわかりません。

しかし、存在する人には、自分の中心的でコアなところから、相手と共鳴していることを実感します。

ＮＬＰトレーナーとして、セミナープログラムを作成するとき、私は、一緒に働いている、妹がまさに共鳴する存在です。

２０１０年から２０１８年までにすべて異なる１００回のセミナープログラムを作成しました。

私１人では、どうやっても不可能な結果でした。

生成的コミュニケーション

私と妹は対話をすることによって、アイデアが生成してきました。

各回違う１００回のセミナープログラムを毎月作成するには、１人だけの思考では限界があります。

２人で対話すると、自分とは異なる考え、それでいて全く違うわけではない、そういう対話になります。

楽器で言えば、弦楽器と打楽器のような違いがあります。そしてお互いの違いを認識しながら、

1つの新しい曲が生まれるようなコミュニケーションです。

創造性が毎回生成してきます。

NLPが生まれた歴史を振り返ると、同様に生成的なコミュニケーションが見受けられます。NLP創始者の1人であるリチャード・バンドラーは、数学とコンピュータを専攻する研究生で、誰かのパフォーマンスを見たらすぐに同じことができる天才でした。

もう1人の創始者であるジョン・グリンダーはCIAのスパイという異色の経歴を持ちながら、言語学の助教授でした。グリンダーはバンドラーの行っていることを言語学的に分析し、NLPが生まれました。

2人の創始者の対話が生成的であったことが現在NLPと呼ばれるメソッドとしてその後50年発展し続けるNLPの礎となりました。

多様性と相違性を認めつつ、方向性を同じくする人たちにおいて、対話が行われることが、さらにこれからのNLPの発展に必要となります。正しいNLPではなく、多様で柔軟で現場で役に立ち、その場その場で生成的なNLPです。

そしてそれは、令和を生きる私たちのコミュニケーションスタイルも同様となります。

それぞれの多様性と相違性を認めつつ、三方よしで生成的なコミュニケーションが望まれることでしょう。

2　デフォルトモードネットワーク

ひらめき脳

現在の脳科学の発展は、画像機器の発展が大きく影響しています。ＣＴスキャナー、ＭＲＩからさらにＦＭＲＩ、ＰＥＴなどによって、私たちの脳がどんな活動をしているときに、脳のどこが主に活動しているのかを確認できるようになりました。

以下は、ＮＨＫで放映された人体スペシャルから引用しました。

『お笑いから文学作品まで、斬新なひらめきで多くの人々を楽しませる又吉さん。芥川賞を受賞した小説『火花』にも、型にはまらない言い回しや、独特のストーリーが満載だ。又吉さんの脳は、どうやってそのようなひらめきを生み出しているのだろうか。

まだ多くの謎に包まれたひらめきの秘密を探るため、又吉さんに少し変わった実験に協力してもらった。

脳の領域を互いにつなぎ、神経細胞のネットワークとしてＣＧで再現してみると、脳の中心部分から前後左右まで、広い範囲にわたる不思議な形状のネットワークが現れた。その画像は、ひらめくときの脳のネットワークを、世界で初めて可視化したものだ。

この、ひらめきが湧き起こったときに現れた脳の状態を、計算をするなど何かに集中しているときの脳の状態と比べてみると、大きな違いがあることがわかった。

何も考えていないはずなのに、ひらめいたときの脳と同じように電気信号がもし流れているとすれば、それは一体どういうことなのだろうか。

長年、ひらめきの正体を研究してきた、アメリカ・ドレクセル大学心理学科教授のジョン・クーニオス博士は、何も考えずにぼーっとすることこそが、ひらめくためにとても重要だという結論にたどり着いたという。

「例えばあなたが何かに行き詰まったとします。でもその解決策が突然頭にひらめくことかあります。

それは全く関係ないことをしているとき、例えば、朝目覚めてぼーっとしているときなどに起こるのです。私たちはその状態を〝『デフォルト・モード・ネットワーク』と呼んでいます」とクーニオス博士は説明する。

デフォルトは、コンピュータ用語では「初期状態・初期設定」を意味する。

脳科学の世界でもそれにならい、「特に何もしていない脳の状態」を指す。

デフォルトモードネットワークとはつまり、脳が意識的な活動を行っていないときに働いているネットワーク、ということだ。それが、意外にもひらめきを生むもとになっているというのだ』

~NHKスペシャル・人体より引用~

異なるデフォルトモードネットワーク

ひらめきには、デフォルトモードネットワークが重要であることは、引用したとおりです。そして、さらに言うと、デフォルトモードネットワークが「特に何もしていない脳の状態」だけではありません。

以下はデフォルトモードネットワークによる働きについての引用です。

デフォルトモードネットワークによるメンタライジング

他者の心を理解するときに活性化する領域と、脳が安静にしているときに活性化する領域とはほぼ重なる。「デフォルトモードネットワークが活性化するからこそ、人間は社会に関心を持つ」と述べた。著者の研究グループは、人が安静にしているときのデフォルト・ネットワークの活動を明らかにするとともに、その活動と、私たちが人の心を読んでいる（メンタラインジング課題）ときとの関係も明らかにしようとした。

するとデフォルトモードネットワークが強く活性化した被験者では、その直後に出たメンタライジング課題の成績が良かった。反対にデフォルトモードネットワークの活動が弱かった被験者では、メンタライジング課題の成績は良くなかった。しかもこの結果は、メンタライジング能力を必要としない課題の場合には当てはまらなかった。つまりデフォルトモードネットワークが強く活性化した直後に、メンタライジング能力を必要としない課題が出たときには、成績になんの影響も与えなかっ

〔図表 22　対話による創造性〕

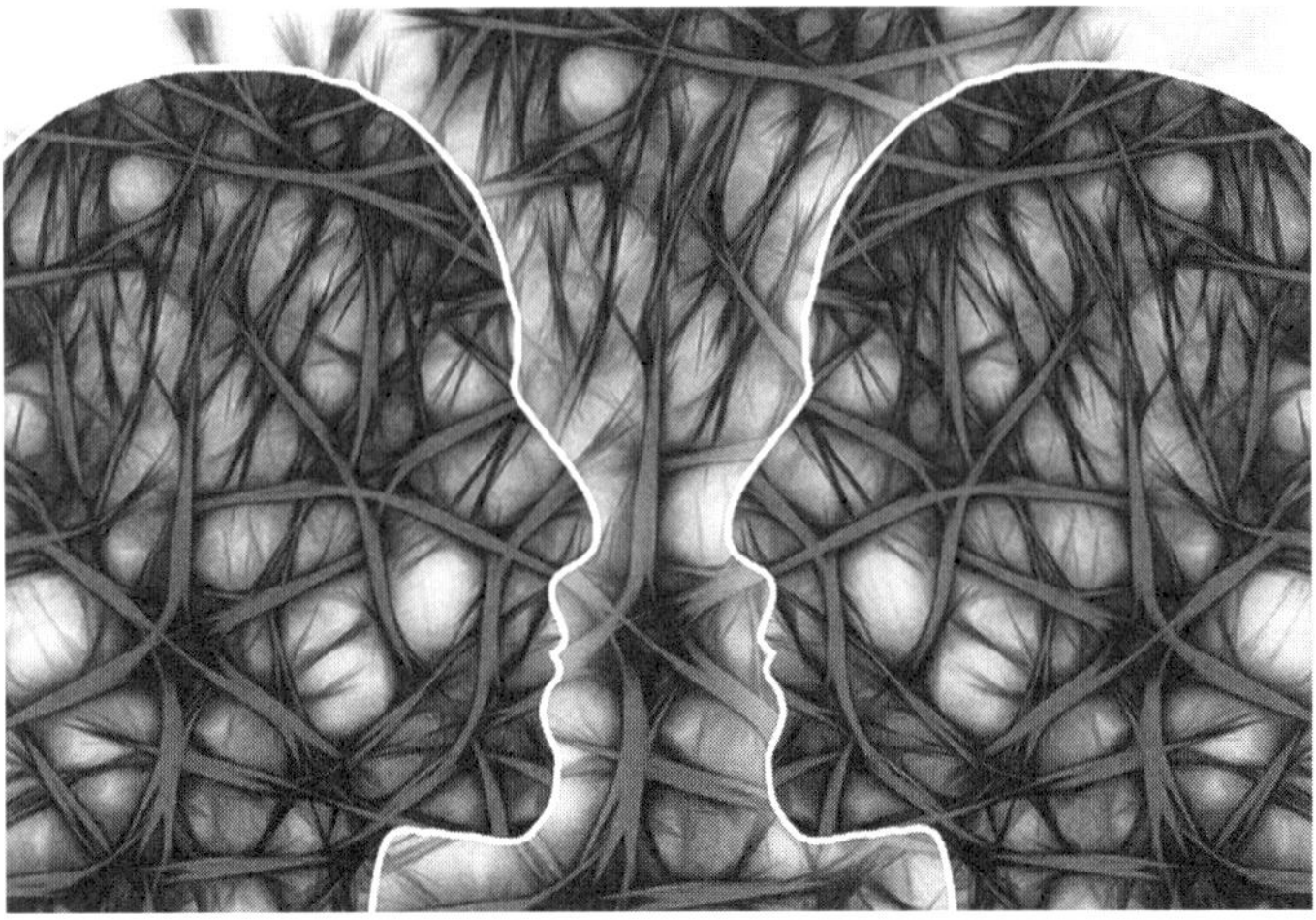

たのである。これは「デフォルトモードネットワークによって私たちが社会的に考える準備をし、他者の心の状態から世界を見る準備をしている」という有力な証拠ではないだろうか。

～マシュー・リーバーマン著21世紀の脳科学より～

創造性とメンタライジングとデフォルトモードネットワーク

ここまでお伝えしたことを基に、「デフォルトモードネットワーク」と「メンタライジング」と「創造性」は三位一体であるという仮説を立てることができます。

ここから、私たちが創造性発揮するためには、対話によってデフォルトモードネットワークとメンタライジングを活性化することが効果的です。

更に言えば、多くの世紀の発見において、対話によって生まれたことを忘れてはなりません。

キュリー夫妻、我が国では小林・増川理論でノーベル賞を受賞しています。二組とも、対話による研究アイデアの創造性発揮は容易に想像できます。

3　ポジティブフィードバック

変化が変化を呼ぶ

フィードバックについては、第2章でお伝えしました。フィードバックとはゴールとのずれを伝えることです。

そしてこれは、ネガティブ（負）フィードバックとも呼びます。

ネガティブ（負）とは、悪い意味ではなく、ある範囲におさまるようにフィードバックすることです。

人間の身体は基本的にネガティブフィードバックで成り立っています。

『生きる』というゴールに向かって、体温、血圧、血糖・・・などが一定の範囲で変動して安定しています。一定の範囲を逸脱しないように安定をするようにフィードバックするのがネガティブフィードバックです。

そしてフィードバックにはもう1つあります。それがポジティブ（正）フィードバックです。同様によい悪いという意味はありません。

ネガティブフィードバックが変化の安定であるならば、ポジティブフィードバックは変化が変化を呼びます。

典型的な例として、インターネットの炎上です。1人変化したら1人変化し、2人変化したら4人、4人変化したら16人・・・と、ある変化が次の急速な変化を呼びます。

人間の身体では、ポジティブフィードバックが起こると、生命に関わります。典型的な例として、『ガン』です。毎日5000個のガン細胞が生まれていますが、免疫システムが機能して増殖しないようにネガティブフィードバックが掛かっています。

しかし免疫システムの機能を越えてガン細胞が増殖するとあっという間に増殖します。これが転移と呼ばれ他の部位にガン細胞が増殖すると死に至ることがあります。

ネガティブフィードバックも、ポジティブフィードバックもよい面も悪い面もあります。ここでも重要なのは、ゴールと状況に応じてどっちのフィードバックを選択するのか、あるいは組み合わせるのか、選択肢を持つことが重要です。

アイデアを生み出すポジティブフィードバック

ネガティブフィードバックでは、安定を目指すので、既存のアイデアを生むときに役立ちます。

しかし、革新的な新しいアイデアを生み出すときには、変化が変化を生むポジティブフィードバッ

〔図表23　2つのフィードバック〕

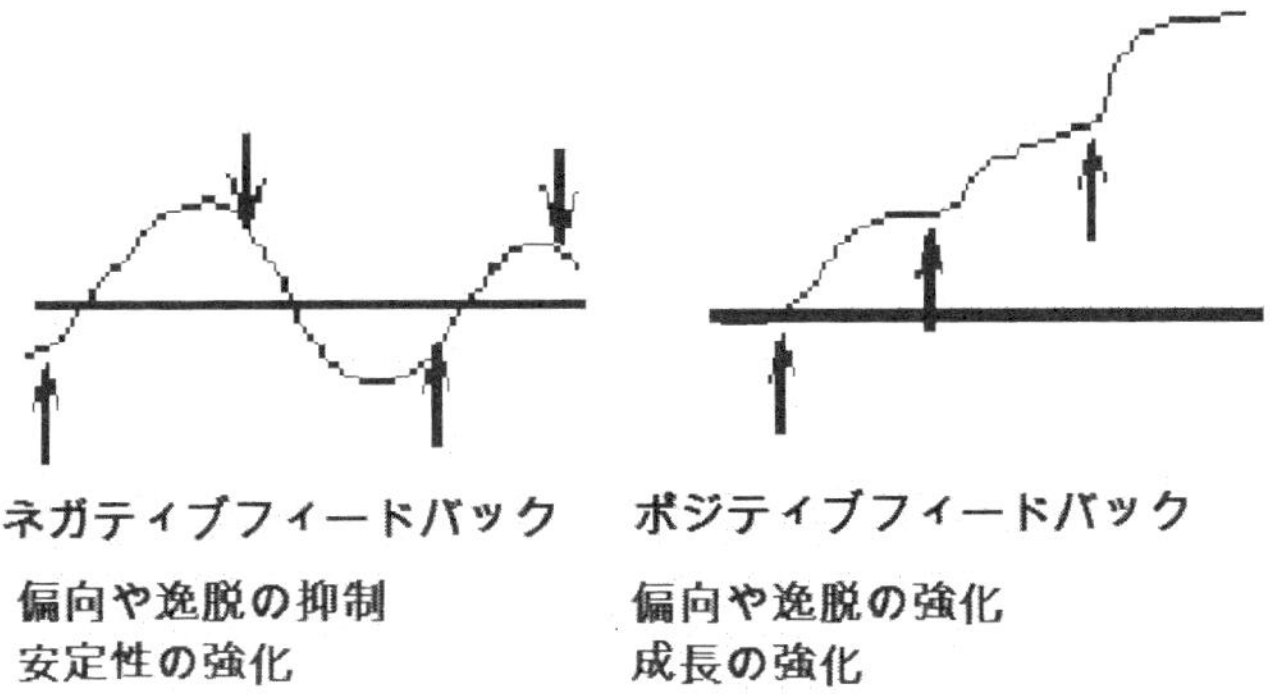

クのほうが適切です。

最初の変化から大きく変化しないと、全く予測していないアイデアは生まれません。

この場合、偶然が大きな変化の要因になり得ます。

例えば、ノーベル賞の発足者であるノーベルはニトログリセンを土にこぼすという失敗からダイナマイトを発明しました。

抗生物質ペニシリンはカビから、ウラン鉱から放射能、ジェラートを食べることをサルに見られてミラーニューロンが発見されました。

このように偶然が大きな変化に至ります。

ただし、ポジティブフィードバックは、放置すると天井なしで変化します。

そこで、アイデアがなぜ必要なのか、ゴールを設定して、そこへ至るためのアイデアを制御することです。

そのためにゴールと現状をカリブレーションすることが重要となります。

そのことで、変化の上限を定めることができます。言い換えるとよいアイデアに必要なだけの変化を求めることができます。

ゴールを変える

それと同時にもう1つの考え方もできます。

ポジティブフィードバックによって、変化が変化を呼び、ゴールそのものを変えることのメリットが大きい場合もあります。

企業が収益予測を上方修正するのが典型的なパターンです。

4 リソース

リソースについて

リソースは、ヒト、モノ、カネ、資源とも言われますが、もっと大きな意味を込めて言うほうがよいでしょう。

ゴールへ到達するために必要なあらゆる、物資的、非物資的なすべてです。

現状からゴールへ経路を定め、ステップごとにリソースを投入することがストラテジー（戦略）です。

リソースは、英語の re+sourse、つまり（re 再び＋ sourse 源に繋がる）という意味です。これは源があることが前提です。だからこそ私たちは源に再び繋がることができるのです。しかし私たちは、そのことをつい忘れてしまうことが多々あります。

ではリソースをどのように生み出すか、それにはステート（state）が重要となります。

ステート

ステートとは、ある特定の時間における身体と心の状態のことです。

さらに詳しく見ていくとステートは３つの要素から構成されています。
①身体的要素：姿勢、声のトーンとテンポ、ジェスチャー、目の動き
姿勢は背中を丸めて頭を下げて、声のトーンを下げて、腕を組んで、目をキョロキョロ動かしていたら、リソースは湧いてきません。
②認知的要素：サブモダリティ
私たち人間が周囲の状況から光、音、感触を取り入れます。そしてその情報を脳の中で再構成しています。その構成されたものを表象（英語では representation）と呼びます。そして表象は、現在の現実を体験するときも、過去の記憶を呼び起こすときも、未来を想像するときも、常に表象があります。

そして表象は意識的にも無意識的にも変化します。この「表象の質」をＮＬＰでは「サブモダリ

ティ」と呼びます。そしてこのサブモダリティには視覚、聴覚、体感覚それぞれにあります。視覚にはイメージの明-暗、大-小、静止-画動画、聴覚には音の高-低、速-遅、大-小、体感覚には広-狭、温-冷、重-軽などがあります。

このサブモダリティを扱うことによってステートに影響を与えることができます。

③感情的要素：ストレス、リラクッス、喜び、怒り、哀しみ、憂鬱、恐れ、驚き

そしてステートは、私たちが、環境や他者に対する行動や能力のクオリティに影響を与えます。一方で外界から入力される情報に対して意味づけや反応のフィルターにもなります。

例えば、ストレスが溜まり、イライラしているときに、仕事を頼まれるのと、十分にリラックスして、休養をたっぷり取った後に仕事を頼まれるのでは、仕事に対する意味づけや、仕事を依頼した人に対する反応が違うことは容易に想像できることと思います。

リソースフルステート

リソースに充たされたステートを「リソースフルステート」と呼びます。リソースフルステートへ入るためには、いくつもの方法があります。

①過去のよかった経験を思い出す
②現在持っているスキル、
③未来に対するヴィジョン

④他の人の行動と思考プロセスをモデリングすること。（第2ポジション）
⑤メタポジションから分析すること。（第3ポジション）
⑥変化は、世界の個人のモデルを豊かにすることによって、特定のコンテクストにとって適切なリソースを解放するか、起動させることから起こります。
⑦環境レベル‐機会（景気、時代の変換などの天のとき、立地条件などの地の利）
⑧行動レベル‐肉体的健康、身体的な運動能力
⑨能力レベル‐認知能力(記憶、創造性、語学、計算)、状態管理(リソースフル、ニュートラル、コーチ)
⑩信念・価値観レベル‐力づけの信念と価値
⑪自己認識レベル‐ミッション・役割の自覚、強固な自己感覚
⑫スピリチュアルレベル‐ヴィジョンの自覚、啓示
⑬オントロジカルレベル‐存在、存在論
⑭他者との対話

これ以外にもたくさんの方法があります。リソースフルステートに入ることで、リソースやアイデアが繰り返し反復して湧いてきます。それは、ゴールへ近づくことを意味します。

そして私たち日本人には文化的にあらゆるものを吸収し、独自のモノに造りかえるというリソースがあります。

それは漢字からひらがなとカタカナを生み出し、源氏物語や竹取物語、そして和歌や俳句という

〔図表 24　GEO モデル＋リソース〕

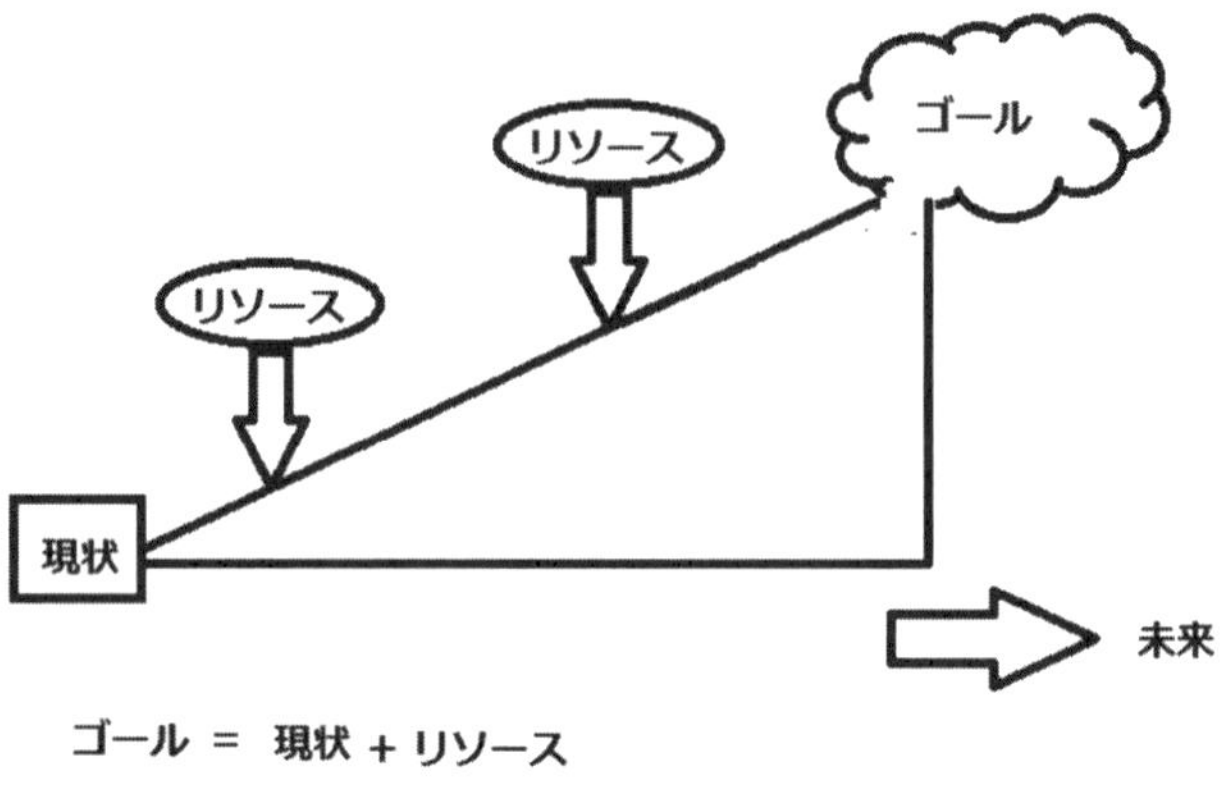

国文化、そして中国から伝来した喫茶という食文化が茶道、華道、香道などの道という修行文化を生み出しました。

明治には柔術から柔道というオリンピック競技を輩出し、将棋は取った駒を自分の駒にして再利用できるというゲームとしての複雑さと面白さを生み出しました。

産業では、自動車は戦後、工業の発展と共に世界を席巻『ジャパンアズNo.1』と言わしめるほどでした。私たちは新しいモノを生み出す革新的なリソースには恵まれていなくても既存のモノをアレンジするリソースに恵まれているのです。

そのリソースを活かしながらこれからは新しいものを生み出す革新的なリソースも必要になってくるでしょう。

そのためには、現行の学校教育では育まれない画一的ではない突出したリソースを持つ子供たちを伸ばしていく教育環境も必要になっていくでしょう。

健康的な競争相手は隣の席の子供ではありません。

インターネットで繋がっている世界中の子供たちが健康的な競争相手の時代に突入しているのです。

私たち大人は、その環境を整備していくことを求められています。

5　メタファー・アナロジー

メタファーとアナロジーの違い

メタファー・アナロジーも創造性の源になります。

例えば、パソコンのデスクトップにゴミ箱のアイコンを設置し、そこに要らないファイルを捨てる。

これもメタファー・アナロジーによるアイデアです。

メタファーとアナロジーは、よく似ています。

厳密には使い分けます。

メタファー

メタファーは、何かの事物を他の事物で喩えるとき、そして喩えられる事物は言葉にしない。だから隠喩とか暗喩というように訳されることがあります。

『白鷺城』

兵庫県にある白鷺のような真っ白な姫路城のことです。

アナロジー

一方で、アナロジーは類比と訳されるように比が関係します。

小学生の頃、やりませんでしたか？

２：２＝□：６
□＝４
比は関係性や構造です。

何かの構成要素の比や構造が似ているとき、アナロジーと呼びます。

なので、部屋：ゴミ箱＝デスクトップ：ゴミ箱のアイコンです。

既述したパソコンのゴミ箱は厳密にはアナロジーです。

誰かとの日常的なコミュニケーションでは、２つの言葉を使い分ける必要性は少ないですが、何かを創造するときには、「比」を意識しているときはアナロジーという言葉を使います。

このアナロジーを使った天才が本書で何度も出ているグレゴリー・ベイトソンです。

グレゴリー・ベイトソン

グレゴリー・ベイトソンは、面白い人で、動物学↓文化人類学↓システム工学↓精神医学と学際的に渡り歩いた希有な学者です。

彼の思考方法は『水平思考』とも呼ばれ、まさにメタファー・アナロジーを使って、研究領域を移動してきました。

動物学で鳥の羽の「対称性」という論文を発表し、文化人類学においてパプアニューギニアの部族の生活様式を「対称性」という概念で『ナヴェン』という著書があります。

〔図表25　ベイトソン著ナヴェン〕

メタファー・アナロジーから生成されたカウンセリング

イベント企画会社の役員の方をカウンセリングしました。財務と人事の担当役員で、副社長でもあります。

元々、そのような役員としての仕事よりも現場の仕事をやりたい方でした。

業績が下がり、リストラのために社員を解雇しなければならなくなり、かなりストレスを感じていました。

また会社の各部署に資金を分配する仕事もあり、それもまた各部署との調整のためにストレスとなっていました。

2つのストレスで、仕事に対するモチベーションが下がっていました。

「もう何のために仕事しているのかわからない」と言っていました。

そこで、血液の話をしました。

「血液というのは、身体にとって危険な異物となるものを白血球によって、無害化する重要な仕事をしています。そして体全体に酸素と栄養を運び、身体が元気に仕事できるようにもしています。あなたは会社の血液ですね」というその方の役職というアイデンティティレベルでのアナロジーを伝えました。

その瞬間に顔色が紅潮して、「そうですね、血液って大事ですよね」とニッコリ笑いました。

いつも体調不良を訴えていた人ですが、それ以来元気に仕事しているようです。

6　COACHステート

COACHステートの要素

世界的なNLPトレーナーであるロバート・ディルツによって考案されたステートです。

私たちが成長したり、変化したりするためには、柔軟性、安定性、バランス能力が重要です。また他の人々や自分の感情、信念・価値観と繋がるあるいは反対に手放す能力を磨くことも重要です。

前記のような能力は３つの要素によって形成されます。

①センタリングしていること

身体と心の中心軸、たとえば丹田、みぞおち、心臓、喉、背骨など、そして足がしっかりと大地と繋がっている「グラウンディング」も含みます。そして心が安定しているステートです。

②あなたの内部に存在する卓越した領域（ゾーン）にいること

身体と心が一致したセンタリングのステートがさらに深まると集中力が高まるとき、アスリートが「ゾーン」と呼ばれるステートに入ることは、よく知られていることです。

ゾーンに入ることとは、アスリートだけではありません、あらゆる人があらゆることに対して高い集中力を発揮することとです。

③エゴイスティックな自己を越えた何かと繋がること

私たち個人は、どこまでが自己でしょうか。例えば、杖を持っている盲人の方は、手のひらまでが自己でしょうか、それとも杖までが自己でしょうか？

もしも杖までが自己と言えるのであれば、杖と地面との相互作用によって地面までも自己と言えます。地面は地球の一部です。そんな風に自己を拡張していくと、エゴイスティックな自己を越えた地球や宇宙まで自己を拡張できます。

これらのプロセスは、次の5つの特徴の頭文字からとった『COACHステート』と呼びます。

・Centered
センタリング
・Open
オープン
・Attending with Awareness
気づきに注意を向けること
・Connected
繋がること
・Holding
抱くこと

COACHステートの効果性

・クライアントを前にすると緊張してしまう
・大勢の前でプレゼンすると頭が真っ白になる
・試合になると自分の実力を発揮できない

・ビジネスの環境では、COACH ステートは障害や中断が許されない仕事を達成して、市場で効果的に競争するツールを使用して、必要な手順を実装することを含みます。
前記のような悩みを持つ方に効果的です。

COACH ステートに入ったかどうかのポイント

・「謙虚な威信」の感覚－傲慢のない自信
・信頼の感覚と不安と自信喪失の欠如
・失敗の恐れがないまたはあなたのゴールを達成することについて自己意識がない
・美しく、そして、素晴らしく実行することに対する関心
・体のリラックスした準備と心が広い集中した心のステート
・努力なしで、それについて考えなければならないことなく、パフォーマスは来ます

7　フィールド

フィールド

物理学においてフィールドとは、物理量を持つものの存在が別の場所にある他のものに影響を与えること、あるいはその影響を受けている状態にある空間のことと定義されています。

ロバート・ディルツは、認知的な第1世代のNLP、身体的な2世代のNLP、人間のコミュニケーションにおいて、フィールドという概念を導入し、前2世代のNLPに続く第3世代NLPとして開発しました。

ディルツは、フィールドを次のように述べています。

「フィールド」は、基本的に、個人間のシステムの関係性と交流によって生成される、一種のスペースまたはエネルギーです。そこには身体プロセスと大きなシステムの働きが含まれます。

フィールドは、比ゆ的でもあり、現実の事柄でもあります。

フィールドは、人間の神経系と類似したものとディルツは考えます。

そのため「群集心理」または「集合知能」と呼ばれるような結果を生みます。

集合知能などは、それを構成するメンバーの個人的な知性とは全く異なる特徴と性質を持ちます。

※水は、水が形成される水素と酸素原子とは全く異なる性質を持つことに似ています。

フィールドのより大きな知性にアクセスすることで、癒し、創造、箱の外に出た思考、賢い決断、そして私たちの人生のより良いマネジメントができます。

セカンドスキン（パーソナルフィールドの強化）とは

セカンドスキンとは、私たちを守る一種のエネルギー的な絶縁体です。

セカンドスキンの歴史

私たちのエネルギーを内部にどれくらい蓄えることができるか、そして世界にどれくらいエネルギー放出するのかを決定する器として、「セカンドスキン＝第2の皮フ」として世界的な催眠療法家として有名だったミルトン・エリクソンの弟子であるスティーブン・ギリガンによって命名されました。

セカンドスキンの効果性

①環境と繋がりながら選択的であることを可能にします。
②安全に見ることと、過度に傷つくことなく表現することをもたらします。
③あなた自身のエネルギーで他者を支配することではありません。
④自信をもって世界にオープンでいることができます。
⑤あなたのエネルギーが弱すぎるので陥れられることを防ぎます。
⑥外界エネルギーの衝撃と影響を調整します。
⑦あなたにとって外界エネルギーの不要な側面をフィルタリングします。

セカンドスキンのつくり方

①動揺、圧倒、喪失などの状況を特定します。

あなたが否定的なエネルギーの中に巻き込まれたと感じる状況。

(例えば、恐ろしさ、攻撃性、悲しみ、落ち込み、疲労、その他)

②スペースを特定します
あなたの目の前に場所を1つ決め、その問題状況に入ります。

「どのように、あなたはこの否定的なエネルギーの影響を経験しますか?」「何が見えますか?」「何が聞こえますか?」「どんな気分ですか?」

③ステートを変えます
その状況から離れ、一歩後ろに下がり、その内的状態を振り払ってください。

センタリングとグラウンディング(COACHステート)し、あなたの身体に十分に存在するようにします。両手を温かくて敏感にするために、あなたの手をこすり合わせます。

④フィールドを生成します
両手がほとんどさわるように、手の平をお互いに向け合って保ちます。

両手の間に意識を向けます。そしてエネルギーを感じることができるように、両手を擦り合わせて敏感にしてください。あなたのグラウンディングされたセンターがエネルギー発生装置であると想像してください。あなたのセンターから腕を通って手の平まで流れるエネルギーを想像してください。あなたの手の間のスペースでこのエネルギーの存在を感じてください。

⑤エネルギーの球を生成します

両手を8～10センチ離します。

両手の間のスペースに意識を保ち続け、エネルギーのフィールドを感じ続けてください。

あなたの両手をお互いに離したり、近づけたりしてとても小さく動かすことで、このフィールドを上手く感じるようになるのを助けてくれます。

※現在とあなたの身体に留まってください。もしもあなたの心が混乱するか、現在から離れ始めるならば、あなたはフィールドを感じることができません。

⑥エネルギーの球の中を体験します

フィールドをあなたのセンターから生成されることを感じ続けます。

ゆっくりと、まるであなたが誰かを抱きしめようとするような位置へ、自然にあなたの手と腕が動くのにまかせます。

あなたがセンターと体から放射しているエネルギーのフィールドを抱きしめる感覚を感じます。

あなたの手の甲と腕で(あなたの抱擁の外側)、どんなエネルギー的な感覚にも気づいてください。

⑦セカンドスキンを生成します。

ステップ1と2で特定した問題状況の中に捕らえられたあなたの周りにそれをもたらします。

あなたが最も弱い（心臓、胃、のどなど）と感じたあなたの体の上に、このセカンドスキンの場所が適切なところを確認するために十分な時間をかけてください。

注：あなたは同様に他の感覚を加えることができます：すなわち、エネルギーフィールドまたは

〔図表26　セカンドスキン〕

光の特定の色として皮膚を視覚化します。

⑧問題状況を再経験します。

今、このセカンドスキンによって囲まれているあなたの中に一歩入ってください。そしてあなたの周りのエネルギー的な皮膚の存在を確かなものとするためにあなたの両手を使ってください。あなたの回りにある安全性／選択性と環境との関係の感覚を感じてください。

あなたが問題状況とシチュエーションを再経験しながら、それがあなたにとってどのように異なるかに注意してください。

⑨リハーサル。

セカンドスキンの中に居ながら、あなたがその状況にいるかもしれない次の機会を想像することによってリハーサルしてください。もしもリハーサルで上手くいかなければ、セカンドスキンに穴が空いているかもしれないので治しましょう。

8　ジェネレイティブ（生成的）フィールド

ジェネレイティブフィールドとは

既述したように、創造的アイデアが反復して生成されるコミュニケーションのフィールドを生成します。

基本的には、ジェネレイティブフィールドを生成するメンバーそれぞれがリソースをお互いに提供することで、フィールドが生成されます。

ジェネレイティブフィールドのつくり方

①生成的フィールドを創造します。

Ｃから順番に特定のスペースに自分のリソースを投入します。（言葉とジェスチャーを使って）

※直観的（フィールドマインドに繋がって）に必要と思われるリソースを選びます。

Ｂは A が投入したリソースを伝え返して、さらに自分のリソースを投入します。

何度か役割を交代して繰り返します。

Ａ「私は〇〇というリソースを投入します」

Ｂ「私は〇〇というリソースを大切にします」「そしてさらに△△というリソースを投入します」

②制限となる信念を特定します。

「あなたが今抱えている問題は何ですか?」

「あなたにとってなぜ問題なのですか?」

「その信念について考えると、どんな感じがしますか?」

「その信念をシンボルにするとしたら、どんなものですか?」

③生成的フィールドにA・B2人で入り、生成的フィールドを体験します。

「その信念について考えると、どんな感じがしますか?」

「信念のシンボルはどうなりますか?」

④生成的フィールドからやってくる直観に従って、更に必要なリソースを特定します。

A「私は○○というリソースを投入します」

B「私は○○というリソースを大切にします」「そしてさらに△△というリソースを投入します」

⑤一旦、フィールドの外に出て、更に必要なリソースを2人ともフィールドへ投入します。

フィールドの外からカリブレーションします。このポジションから気づくさらに必要なリソースを特定します。

A「私は○○というリソースを投入します」

B「私は○○というリソースを大切にします」「そしてさらに△△というリソースを投入します」

ジェネレイティブフィールドの成果

『物理学とその向こう／出合いと対話』は、現代物理学においてかの有名な「不確実性原理」を公式化したヴェルナー・ハイゼンベルグによるすぐれた著書であるが、彼はそのなかで「科学は対話に根ざしている。さまざまな人々の協力により最も重要な科学的成果の絶頂に達することができる」と語っている。

〔図表27　生成的な湧き水〕

そしてハイヤンベルグは、パウリ、アインシュタイン、ボーアといった今世紀前半に伝統的物理学を根こそぎにして新局面を開いた偉大な科学者たちと対話した生涯を振り返る。

こうした対話は、ハイゼンベルグがいうには、「私の思考に永続的に影響した」そうで、まさに対話によってこそ科学者たちは有名な理論の多くを生み出したといえる。

～ピーターセンゲ著最強組織の法則より引用～

生成的フィールドは科学だけではなく、あらゆる分野でこれから必要になっていきます。政治、経済、行政から地域コミュニティー、さらに趣味の仲間もそうでしょう。人と人が集まれば、生成的フィールドが重要になります。そこにはこれまでにない画期的なアイデアや問題解決が生まれます。

私自身、NLPトレーナーとしてトレーニングのフィールドが生成的であることが望ましいので、そうなるように、最大限の注意を払っています。

そのためには、私が話すことが絶対に正しいというスタンスは取りません。「受講生のみなさんの考えや質問、疑問、批判や文句もどうぞ」と促します。

そうすると、自分の想定外の発言や質問が生まれてきます。

そこに私自身が乗っかっていきます。

それが積み重なって、やがてトレーニングルームが生成的になります。

これは私のNLPマスタートレーナーを認定してくださったロバート・ディルツ氏、玉川大学の哲学科の岡本名誉教授、東京大学の脳言語学の酒井教授、名古屋市立大学大学院人間文化研究科特任野村教授のトレーニングや講義をモデリングした結果です。

私の先生方は、質問をとても大切にされます。

どんな質問にも、誠実に丁寧に対応されます。その姿を見ている他の生徒や受講生は、自分も発言や質問をしたくなります。そうすると活気が出て生成的になります。

第6章　日本人同士のコミュニケーション

1　日本語

日本語の文法

私たちが話す日本語は、地域差があっても国内であれば基本的には、どこへ行っても通じます。それは、テレビを始めとするマスメディアや学校教育により、標準語がつくられたことが大きく関係しています。

余談ですが、明治初期では、東北出身と九州出身の方が話したときに通じなかった。そして戦後教育において沖縄では標準語を話さないと罰を与えるという黒い歴史があります。

言語は、思考の源になりますので、標準語の普及は大きな思考の違いを感じなくて、コミュニケーションを取ることができます。

もちろん、地域差、個人差を無視しているわけではなく、言語による差を英語と比較して感じないという意味です。

英語は、基本的に主語+述語（動詞）という形を取ります。

それに対して日本語は、主語が省略されて、文末に述語（動詞）が来ます。

文の内容は、述語で決まるので、英語は、基本的には、2語目には決定されます。

一方で日本語は文末まで、結論を先送りにすることができます。

〔図表28　テニス〕

これは、コミュニケーションにおいて大きな違いをつくります。

文末まで結論を先送りにすることは、話している最中に、聞き手の様子を見て、結論を変えることができるということです。言い換えると、「空気を読む」ことができます。

例えば、I played tennis yesterday.

私は昨日テニスをした。

という文章は、played を言った瞬間、内容は決定されます。

しかし極論すると日本語は、「昨日のテニスをしようと思ったけどしなかった」と結論を肯定文から否定文にすることとさえできます。

これがよいか悪いか別にして、結論を先送りにして「時間が解決してくれること」を無意識のうちに選択します。

それが第1章でご紹介した時待ち草です。

日本語は帰納的

『思考するとは、結局、思考する領域を次第に画定し、いっそう明確化していくことにほかならない。

このような明確化の歩みは、広範な領野から次第に絞りこまれていく以上、いながらにして「帰納的」であるはずだ。さらにまた、それが一個人の言葉によってなされるものであれ、対話者の言葉を含むものであれ、いずれにしても共通の領野のなかで下位区分しようとするのだから、重ねられる言葉は「協調的」なものになるだろう。

これに対して西洋語の論理はどうなるか。「AはBである。なぜならば~であり、~であり、~であるからだ」――こうした論理は、かならずや「既定的」「演繹的」「対立的」とならざるを得ない。それはすでに「AはBである」と言ったところで勝負がついているのであり、結論は、それが正しいかあやまっているか、2つに1つしかないのである。

つまり、このような西洋語の論理は、あらかじめ論考のなかで決着のついたことがらを戦わせるには好都合だが、日本語のように、探索し、帰納し、協調して、不確かなものから徐々に結論してゆく論理にはなりにくい。その意味では、日本語の論理の方が、実は、はるかに「発見的」であり「創造的」なのだ』

（加賀野井秀一著『日本語は進化する』より）

加賀野井教授の主張からわかるように、言語的に、日本人は対立を避け、時間による自然的解決を選択します。しかし反面的に問題を隠蔽し、ほとぼりが冷めるのを待ち、うやむやにすることで問題がないようにしてしまいます。

主語の省略

日本語の特徴としてもう1つ、主語を省略することは、日本人にとって自然なことです。主語がないことで、行動の主体性と責任をあいまいにすることができます。

例えば、夫婦の会話で2人そろって月見をしていたら、サイレントコミュニケーションか、「月がきれいだ」と言うぐらいでしょう。

しかし英語なら〝I can see the beautiful moon.〟と必ず主語が言語化されます。

このように、日本語と英語では、話している状況にどれだけ影響を受けるかが異なります。日本語は状況に影響を大きく受けます。

言い換えると、空気を読めば誰が誰に何を話すかを「忖度」します。

反対に英語は正確に主語、目的語を述べるようにできているので、状況に影響を受けることが日本語より少ないです。

言い換えると、言葉による契約が重要になります。

どちらがよい悪いというよりは、言語の構造自体が根本的に異なるので、必然的にコミュニケーションスタイルが異なってきます。

自分と他人の境界線

さらに、主語を省略するかどうかは、自分と他人の境界線の程度に影響しています。日本人は、「私」を省略することで、自分と相手との境界線をかなり薄めることができます。

一方で英語は〝I〟を省略しないので、自分と相手との間にしっかりとした境界線を引くことができます。

これもどちらがよい悪いではなく、言葉の持つコミュニケーションスタイルへの影響を与えます。

言霊思考

文法とは異なりますが、日本人は声に出した言葉が、現実の事象に対して何らかの影響を与えると信じられ、よい言葉を発するとよいことが起こり、不吉な言葉を発すると凶事が起こるとされていました。

言霊・祝詞・呪詛・操られないために実名忌避・神道、仏教の忌む言葉を避けることなどが言霊思想を表す言語活動です。

現代でも、言霊思想の名残があります。

受験生に「落ちる」、「滑る」という言葉を言うことはためらわれます。

結婚式では、「割り切れる」偶数の2万円などお祝いは避けられます。

目上の人や初対面の人のファーストネームで呼ぶのも憚られます。名前は個人を支配できる魔力があると考えられています。

社会学において構成主義もまた現代版の言霊思想と考えることもできます。

「私たちが言葉を介してなされたコミュニケーションは現実化する」ということが構成主義の考え方です。

場重視

日本人は基本的にお互いが同じであることにフォーカスする（同質性の前提）同じ部分に従ってコミュニケーションを取るからこそ、場が読めます。

そこから遠慮と察しのコミュニケーションスタイルになります。

言葉に出すのではなく、相手の気持ちをお互いにわかろうとする。

相手の気持ちを考えて自分の気持ちを遠慮する。

そして受け身表現の多用が特徴的です。

場を重視し、主体である自分の意志を抑えるために、受け身表現になります。これは主語を省略することにも通じています。

そして、それがいわゆる「空気を読む」ことになります。それがよいか悪いかを問うてもあまり意味はありません。そのコミュニケーションや言語使用が役に立つかが重要なのです。そういう意味でも正論を話すことがよいときと、話さないほうがよいときの両方があります。

2　日本人の思考

地政学

思考は言語の影響を受けます、そのことは既述した通りです。

さらには、地政学的影響もあります。

『地政学とは、地理的諸条件を基軸におき、一国の政治的発展や膨張を合理化する国家戦略論が地政学である』

（株式会社平凡社世界大百科事典 第2版より引用）

ユーラシア大陸から日本海によって隔てられているという島国ということです。

朝鮮半島は、陸続きなので、中国の影響を受け続けなければならない状態ですが、日本は、海のおかげで、必要に応じて大陸文化を吸収したり、断絶したり選択できました。しかも絶海の孤島に位置せず、大陸から絶妙な距離に日本列島が存在したため、その結果、大陸文化を適宜取り入れながら、ガラパゴス化（176頁後述）するという特異な発展を遂げます。それは私たちの思考に根深い影響を与えます。

日本は大陸からの文化の最終地点です。そういう理由で、日本に入ってくる文化は、常にオリジナルとは異なり、より良いモノに改変（173頁後述）されます。

〔図表 29　稲作〕

「つくる」よりも「なる」

世界の創世神話には、「つくる」「なる」という発想があると指摘しました。

「つくる」は『旧約聖書』にあるように一神教的な観念で、最初に絶対的な神が存在し、その神が土をこねて人間を創ったという考え方です。これらに対して、日本の神話には「なる」という観念があって、絶対神が存在するわけでもなく、意図的にものをつくる行為もないのに、自然に何かが生じてくることをいいます。

この「なる」は日本だけでなく、もっと広く太平洋岸に広がる湿潤な気候の温帯モンスーン地帯に共通して見られる発想です。雨が多く湿潤な大地がはらむ生命力が「なる」という発想を生んだのでしょう。

「なる」思考は、自ら能動的な思考を避けます。そして自然発生的な生成的思考を無意識に望みます。

そして、前節の日本語でも述べましたが、時間の経過に事態を任せる思考になります。気候や地理的条件や地政学的条件は、思考を醸成する基盤になります。

それは、芸術にも現れます。

日本の代表的画家である平山郁夫は、瀬戸内海の島で育ちました。広島県尾道市瀬戸田町沢にある平山郁夫美術館に私が訪れたとき、島の周りの海に煌めく光がキラキラとした土地で育った平山郁夫の画風に表れているのを目の当たりにしました。

ゴッホのヒマワリ描いた絵からも光溢れる世界観が見て取れます。

中空構造としての思考

『日本神話の論理は統合の論理ではなく、均衡の論理である。それは一見すると、天皇家の正統性の由来を明らかにするためのものであり、権威ある中心としての天皇の存在を主張しているかに見える。しかし、既に明らかにしたように、『古事記』神話において中心を占めるものは、アメノミナカヌシ－ツクヨミ－ホスセリ、で示されるように、地位あるいは場所はあるが実体もはたらきもないものである。それは、権威あるもの、権力をもつものによる統合のモデルではなく、力もはたらきももたない中心が相対立する力を適当に均衡せしめているモデルを提供するものである。

中心が空であることは、善悪、正邪の判断を相対化する。統合を行うためには、統合に必要な原理や力を必要とし、絶対化された中心は、相容れぬものを周辺部に追いやってしまうのである。空を中心とするとき、統合するものを決定すべき、決定的な戦いを避けることができる。それは対立するものの共存を許すモデルである。

中心が空であることは、一面極めて不安であり、何かを中心におきたくなるのも人間の心理傾向であるとも言える。そこで、私が日本神話の（従って日本人の心の）構造として心に描くものは、中空の球の表面に、互いに適切な関係をもちつつバランスをとって配置されている神々の姿である。ただ、人間がこの中空の球状マンダラをそのまま把握し、意識化することは極めて困難であり、それはしばしば、二次元平面に投影された円として意識される。つまり、それは投影される平面に応じて何らかの中心をもつことになる。しかし、その中心は絶対的ではなく投影面が変れば（状況が変れば）、中心も変るのである。このようなモデルを考えにくい心性、中心が空であるために、そこへはしばしば何ものかの侵入を許すが、結局は時と共に空に戻り、また他のものの侵入を許す構造である、と考えて貰うとよい。

わが国が常に外来文化を取り入れ、時にはそれを中心においたかのごとく思わせながら、時がうつるにつれそれは日本化され中央から離れてゆく。しかもそれは消え去るのではなく、他の多くのものと適切にバランスを取りながら、中心の空性を浮かびあがらせるために存在している。このようなパターンは、まさに神話に示された中空均衡形式そのままであると思われる。

中心を空として把握することは困難であり、それは一時的にせよ、何らかの中心をもつものとし

〔図表30　中空構造〕

て意識されることを既に指摘した。このことは、日本人特有の中心に対する強いアンビバレンツを生ぜしめることになる。つまり、新しいものをすぐに取り入れる点では中空性を反映しているが、その補償作用として、自分の投影した中心に対する強い執着心をもつ。あらゆる点において、日本人は自分が「中心」と感じているものには執着し、高い関心を払う。しかし、時、が来てその「中心」の内容が変化すると、以前に中央に存在したものに対する関心は消え失せ、新しい「中心」に関心を払うのである」

（河合隼雄著『中空構造日本の深層』より）

河合隼雄氏が述べているように、日本人は新しい文化を抵抗なく受容し、ブームになり、誰もが夢中になり、そして時間の経過と共にいつの間にかオリジナルとは異なる新しい日本風の文化にしていきます。

例えば「ベースボール」は明治時代に日本に入ってきました。しかし昭和に日本のプロ「野球」高校「野球」は、メジャーリーグのベースボールとは異なると言われます。しかし日本の野球はＷＢＣ（ワールドベースボールクラシック）で第1回と第2回で連覇しています。

日本人に合った「スモールベースボール」と呼ばれる日本独自のスタイルで世界一になったのです。

3　日本文化とコミュニケーション

間と道の文化

既述したように、日本語と日本人の思考が文化を生み出します。

現在の私たちの生活に密着している日本文化の源流を遡ると、ほとんどの文化が室町文化を基に形成されています。

畳敷きで床の間がある和室、あるいは、みそ・しょうゆ・豆腐を使う和食などは室町時代に始まります。

茶道、華道、香道などの伝統文化もまたこの時代に庶民に広がりました。

室町文化は、平安時代の貴族文化と鎌倉時代の武家文化が京都において融合し、私たち庶民に伝わった時代です。

私たちの一般市民生活に密着した文化は上述したように、室町文化において統合されました。

いわゆる「和○○」と呼ばれる伝統文化の源です。
その特徴は、2つあります。
①「間（ま）」を空ける
②「道（みち）」を究める

間：「非対称的中空構造」

『茶室（数寄屋）は、単なる小家屋――いわゆる藁葺き小屋以上のものではない。「すきや」という語は、元来、「好き家」つまり好みの家という意味の漢字をあてられていたが、後になると、宗匠たちが、それぞれの茶室についての考えに従ってさまざま な漢字に置き換えるようになり、「空き家」すなわちからっぽの小屋、あるいは「数寄屋」すなわち非対称の小屋を意味するようにもなった。

道：「精神性の向上」

わが国の偉大な茶の宗匠たちは、いずれも、禅を学び、その精神を日々の暮らしに実践しようとしてきた』

（岡倉天心著　『茶の本』より）

平安時代の末期、栄西によって、禅が日本に導入されました。栄西は日本においては廃れていた喫茶の習慣を復活させました。栄西の臨済宗は特にその後の鎌倉幕府の庇護の元、武家の精神性向上に影響を与え、武家文化に根づきました。

〔図表31　長谷川等伯作　松林図〕

栄西の弟子筋にあたる道元は、自ら中国にわたり、禅の認可状をもらい、日本に帰国して福井県の永平寺において禅を広めました。道元は、座禅だけではなく、「生活のすべてが修業である」という教えのもと、曹洞宗では、食事、入浴、掃除など生活全般にきまりを設けて、雲水（修行者）は自らを律し、高めています。

以上のことから、道という言葉のつく芸事は、技術を高めるだけではなく、内面的精神的な修養を伴っています。

間は、場であり、余白であり、可能性でもあります。

時間、空間、人間など、すべてに「間」があることで、協調的、受容的・あいまい・余韻や陰影を愛することができます。

英語には同じ言葉を見つけることが困難です。Ma は negative space と訳されていますが、void（空虚）, pause（停止）でもあります。

図表31の長谷川等伯の松林図は、両端が何も書かれていません。この間（余白）が、この絵の素晴らしいところと評価されています。

〔図表32　道をゆく人は、終わりのない道を歩き続けます〕

余白があることで、見ている人が、自由に想像する可能性を持たせることができます。

道

道は、繊細な差異を鋭敏に知覚し、より良いものへの向上を続けることです。

日本の工業技術が発展したのは、職人的な技術の向上を絶え間なく行ってきたからです。

そして単なる技術の向上ではなく、精神性の向上、つまり人としての成長が伴われ、自己を練磨し続けます。

道をゆく人は、終わりのない道を歩き続けます。

アレンジの文化

文化の伝播経路から見ると、文化の流れは中国またはインドから朝鮮半島を経由して日本で止まります。

そこでさまざまな文化が融合して独自の改変が行われます。

・縄文文化と弥生文化
・仏教の受容と改変
・漢字を基にひらがなとカタカナの開発
・喫茶から茶道への進化
・囲碁・将棋の改変

心優しい？　日本人

縄文人とその後に渡来してきた弥生人との間に大きな戦争はなく、時と共に融和していきました。

平安時代のおよそ４００年間は、死刑がありませんでした。どんな理由であれ、誇りに思う歴史です。

4　21世紀の鎖国

ファイアウォール＝日本の「壁」が少し変わるべきとき

『日本人の会話とコミュニケーションの多くが、高い壁―ファイアウォールと言ってもいいほど越えにくいものを頼りにしているんだと思う。ファイアウォール、つまり「防火壁」のことだけど、コンピュータネットワークの場合には、ネットワークの結節点となる場所にあってセキュリティ上の理由などで通過させてはいけない、通信を阻止するシステムを指すよね。通過させてはいけない通信を火にたとえているわけだ。ある意味、日本の文化的な壁は、なかなか通り抜けられないからね。ファイアウォールを少し減らすことによって変わる部分もあると思うんだけれども……ファイアウォールにはいろんなメリットがあるから、なくすわけではないけれども、ね。

・・・中略・・・

日本のファイアウォール、その壁は結構高いんだ。福島にまつわる議論は、それを西欧社会に明らかにしたように思う。

ヨーロッパにいる多くの人々が、福島の議論が十分問題解決につながっていないように思ったはずだ。世界中の、日本以外の国の人たちにとってね。なぜかというと、この場合、日本は世界に対して責任を負っているからだ。日本だけで自ら解決できる問題ではないとき、日本はここで直ちに国際的な議論の一部になっているんだ。この場合、ファイアウォールが高すぎて、適していない。なぜならほかの人が読み取れないわけだし、他人同士だと理解し合えない壁だ。そしてファイアウォールもまた政府によってアップデートされて、事実が誰にも見えないようになっている。

それは明らかに、問題のある民主的ではない行為だ。もちろん人々が怖がっていて大変な状況だったのは明らかだけど、デメリットも見えただろう』

〔図表33　マルクス・ガブリエル〕

（丸山俊一著『マルクス・ガブリエル欲望の時代を哲学する』より）

文化的な鎖国

マルクス・ガブリエルが述べているように、日本には文化的なファイアウォールがあります。江戸時代では徳川幕府が施行していた鎖国、現代は日本人の文化的な鎖国です。

徳川幕府による幕藩体制と鎖国によって、『村意識』が芽生え、そしてそれが日本人の文化にあり、現代の文化的鎖国に至っています。

既述したように「出る杭は打たれる」という諺で表現されている前提は「村八分」という諺にも繋がっています。

言い換えると、自分と他人との境界線が薄く、村全体が一個人と同一視されます。さらに言うと村全体と村外部の人にファイアウォールが立ちはだかるのは、重複するようですがガブリエルが述べている通りです。
しかし、鎖国することのよい面もあります。それは日本の独自性が育つと言うことです。『ガラケー』と呼ばれた携帯電話があります。

ガラケー

『ガラケーとは、電子マネー決済、ワンセグ放送受信など独自の機能を備える日本の携帯電話は、独自の進化を遂げるガラパゴス諸島の生物になぞらえて、特にガラパゴス携帯（ガラケーと略す）ともよばれる』

（『日本大百科全書より』引用）

現在のガラケーは世界のマーケットから取り残されていますが、日本のコンテンツビジネスであるマンガやアニメーションは世界を席巻しています。

コンテンツビジネスが独自的な発展を遂げたのも、アメリカから輸入した文化でありながら、アメリカの影響を最小限にした文化的鎖国によって、独自のコンテンツビジネスとして発展しました。

１９３７年にウォルト・ディズニーによって90分以上のフルカラーのアニメーション映画である『白雪姫』が公開されました。

その後、戦後日本にもディズニー映画は公開され、アニメーションも輸入されました。しかし日本のマンガやアニメはアメリカンコミックスやアニメーションの影響以上の発展を遂げました。

そして、これから日本は文化的に鎖国をやめて開国しなければ、ガラケーと同じ失敗を繰り返します。

「高性能スモール化」が世界のニーズにマッチせず、アニメやマンガが世界のニーズにマッチした事例を考えても、日本独自の文化に固執せず、ファイアウォールを下げて、世界のニーズに合わせた文化的開国を進める必要があります。

それと同時に日本の独自性を失って、世界に埋もれてしまうのも避けなくてはなりません。

そういう意味でも「ファイアウォールを少しだけ下げる」と言うマルクス・ガブリエルの主張には　これからの日本人の進むべき道を示しているように思えます。

5　和を以って貴し

17条憲法

聖徳太子の17条憲法の1つであることは、日本史で学びます。

この言葉が、あえて語られるということは、『和』がないという前提があったからでしょう。

そもそも天皇がヨーロッパのような絶対君主として全国を自ら統治できたのは、第40代天武天皇と第41代持統天皇だけです。それ以前は蘇我氏に代表される豪族集団の代表であり、第42代文武天皇からは藤原氏の権力が増大してきて、最終的には平安時代の摂関政治、鎌倉時代からは武家政治、明治以降は薩長閥の政治として、現在は象徴天皇と呼ばれていますが、実際的には、１３００年前の短い期間を除いて、ずーっと象徴天皇だったわけです。

そこには数知れない権力闘争があり、聖徳太子はそれを憂いて『和』を強調せざるを得なかったわけです。

つまり建前と本音です

しかし日本人は、本音がどうであれ建前では、戦いを望みません。それは、１５００年前からずっとそうであり、戦国時代や幕末、太平洋戦争という特殊な時代のみ好戦的になります。

それは、日本人の美徳であり、二重性を持つ負の面でもあります。

しかし、東日本大震災において、被災者の方々が支援物資をもらうときに、きちんと並ぶ姿が世界から賞賛されたことは日本人の美徳の側面であり、福島の原発の情報を海外に情報公開しないのは、負の側面です。

そういう意味でも、日本人のコミュニケーションは、多層的で、曖昧で、わかりにくい特徴があります。日本人同士でも建前と本音が違うのを読み違えることが増えてきています。それは1つにアナログのコミュニケーションの機会が減少していることも関係があります。なのでメールの絵文字で本音を表現しようとしています。それでも日本人同士では、自然で当たり前のことでも、外国の人には理解しがたいでしょう。

地域性

また、地域性が顕著にあります。

単一民族で、単一言語でコミュニケーションを取っていても、地域差があります。

もちろん人間が個人個人で全く同じであるわけはないのですが、しかし地域差は無視できません。

例えば、東京と大阪では、『笑い』ということに対する考え方の違いがあります。

また、言葉づかいが異なると、それに対する考え方も異なります。

例えば、九州出身の男性の友人が東京で身につけた「〜じゃん」という語尾をつけて九州の故郷で話すと「格好つけるな」と言われるそうです。

同質性と異質性が同居しているということです。

「日本人」という概念は、明治以降に作られた概念で、未だに江戸時代の藩単位の思考様式があります。

江戸幕府が日本を統一していると言ってもそれは各藩の集合体に過ぎず、各藩は個々に税収があり、軍事力を持っていました。つまり、1つの藩が1つの国家だったということです。

そして、藩から出る脱藩は、一族全滅の可能性さえ孕んでいる行為なので、藩から藩へと人的交流が活発化しません。

当然ながら、他藩は外国であり、敵国にもなり得たのです。

そのような統治形態では、身内意識が強固になるのも自然な事と言えます。

それが方言であり、多様性にもなり、排他性にもなります。そして日本人は、その排他性を建前では、表現せずに身内と認めた相手にのみ本音でコミュニケーションを取ります。

だからこそ、九州出身の友人は、地元で東京の言葉づかいをしたときに、身内としてふさわしくない人間として「格好つけるな」と言われます。

このような現在に至る日本の国民性は歴史によって形成されてきました。

その国民性がよい悪いはなく、自覚してコミュニケーションを取ることが重要です。それがいわゆる「空気を読む」ことであり、「忖度」することであるのです。

自らが所属している集団内での抗争を避けて、和を大切にして、できるだけ円滑にコミュニケーションを取るための日本人の智恵でもあったわけです。

その意図（ＮＬＰでは肯定的意図と呼びます）それ自体は、とても素晴らしいものであり、価値あるものです。

そして時にそれが過度になると負の側面が露呈してきて、現在の官僚を揶揄する言葉であったり、イジメの対象をターゲットにする言葉になったりしています。

『忖度』という言葉自体は、「相手を思いやる」という本来よい意味のはずですが、使う場面が悪く、マスメディアが叩く材料になってしまったのです。

私たち日本人は、もう一度『和』という言葉に込められた聖徳太子の意図を適切な形でコミュニケーションに活かしていくことが求められているのでしょう。

6　ケンカをせずにイジメをする子供たち

力の時代

昭和育ちの私は、小中学校時代には、殴り合いのケンカは、日常茶飯事でした。「ケンカして、親友になる」という昭和の青春マンガの定番のような学生生活でした。昭和の３年Ｂ組金八先生をリアルタイムで見て育ちました。金八先生役の武田鉄矢氏がこの時代を「力の時代」と名づけていました。単純に腕力で問題を解決するという構造でした。

時を経て平成になると腕力による単純な解決が通用しなくなります。

複雑化したコミュニケーション

平成生まれ、平成育ちの私の長男は、小中学校で、殴り合いのケンカをしたことも見たこともほとんどなかったようです。

２歳下の長女は、学校で学級内ヒエラルキー（階層構造）があるのが当たり前だったようです。特に女子にはクイーンビーン（女王蜂）が居て、ギラギラした側近の取り巻き、そして中間層、オタクが最下層だそうです。

〔図表33　ヒエラルキー（階層構造）〕

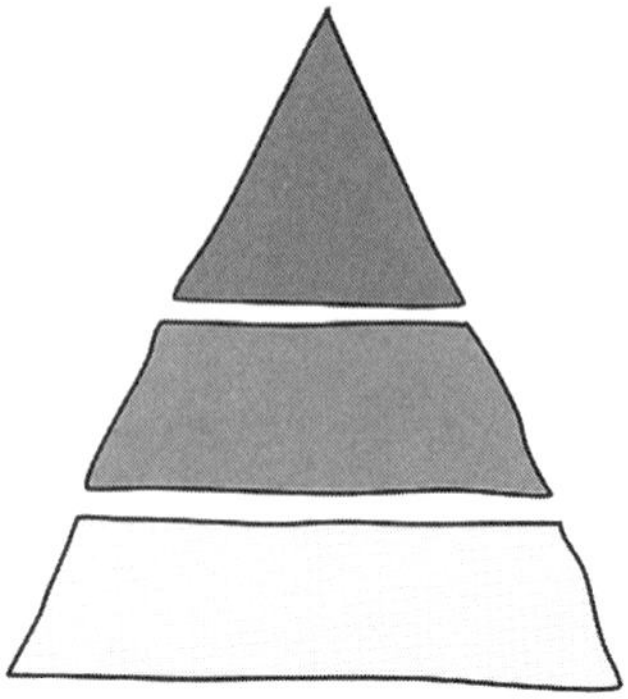

昭和でもイジメはありましたが、イジメられた子供たちが自殺までには至りませんでした。

その理由がどこにあるのか、私には明確にできるデータはありませんが、1つ思いあたるのは、コミュニケーションが複雑化したことがあります。

平成7年にWindows95によって、インターネットが一般家庭に普及することで、コミュニケーションの取り方が変化したのは、1つの理由ではないでしょうか。

ネットの掲示板に批判的に書き込みされて、自殺した韓国の芸能人も話題になりました。

そして「炎上」というネット用語も生まれました。

1人一台のスマホ

そしてiPhoneの登場でスマホが一気に普及し、子供たちのコミュニケーションツールとしては欠かせないモノになりました。

一方で、SNSアプリなどの「既読スルー」や「グルー

〔図表 34　ネイティブスマホ世代の子供〕

プ外し」などイジメの質もデジタル化していきました。

ネイティブスマホ世代

戦前生まれの私の父はネイティブラジオ世代（生まれたときからラジオがある世代）、私はネイティブテレビ世代、平成生まれの私の長男はネイティブ携帯電話世代、そして現在はネイティブスマホ世代です。

それがよい悪いは、やはりなくて、テレビも携帯電話も、スマホも道具に過ぎません。

その道具を使う人間のあり方が重要になります。その道具を通して、クリエイティブなコミュニケーションツールにしていくのか、人をイジメるツールにしていくのか、個人個人の品性が問われるようになります。脳科学的には、スマホで動画を見せて育てることは、危険であるという説もあります。それでも、ネイティブテレビ世代の私としては、デジタルコミュニケーションと同じくらいアナログコミュニケーションを大事にしていきたいと思います。

7　はいとYESは異なる

「はい」という日本語

私たち日本人が、頼まれ事をして、「はい」と言ったら、即実行するとは限りません。「はい」は、「あなたの言っていることは、わかりましたけど、即実行するかどうかは検討します」という言葉にされない前提があります。

それもにっこり笑顔で言われたら、誤解の基になることは多々あります。

同様に、何かを購入したり、サービスの提供に対する不満を述べたりして、相手から、神妙な面持ちで「大変申し訳ありませんでした」という謝罪の言葉があっても、必ずしも改善が即実行されるとは限りません。

知人のネイティブアメリカの方に聞くと、日本の「あるある」だそうです。

元裁判官の手記

特許に関する裁判で、ある元裁判官の手記があります。その中では、原告の請求に対して、判決を言い渡すよりも、なるべく和解を勧告することがあるそうです。

既述したように、「闘争」よりも「和」のほうが貴いのです。

どうしたら、対立せずに和解できるのか、闘争は村八分のリスクがつきまといます。

それが金銭による示談です。判決は一方的なWIN-LOOSEになりますが、示談はWIN-WIN、実は裁判官にとっても判決を言い渡すことを回避できるので、「三方よし」になります。

本来、自分の主張を相手に呑ませてWIN-LOOSEを明確にする制度ですが、本音は三方よしを望むわけです。

裁判でさえ、三方よしを望むわけですから、私たちの日常的なコミュニケーションにおいては、なおさら事を荒立てるのを避けるのは至極当然です。

相手に対して自分の要望を叶える

ではどうしたら、自分の要望を叶えることができるでしょうか。

まず起こりがちなのは、自分の要望が何なのかよくわかっていないということが多々あります。

これも日本人に「あるある」なのですが、「自分の要望を伝えることは、いけないことだ」という隠れた思い込みを持っている方がたくさんいます。

しかし最近、特にアスリートたちは「夢ではなく目標です」という言い方で代表されるように、はっきりと要望を明言するようになりました。

ある意味、自分で宣言することで自分に厳しくしているようです。

それでも日常の生活において私たちは、要望を明言しません。言ったとしても「〇〇は避けたいです」という否定文的な肯定文で要望を話します。

そのような理由で、まずは自分の要望を明確にすることが第1歩です。

次に、相手の要望を聞くことです。

しかし、これも容易ではありません。相手も同じように要望を言ってはいけないという思い込みがあるからです。

そこで、重要なのは相手の知覚位置に入って、推測することです。

そうすると、相手から要望を引き出しやすくなります。

相手の置かれた状況や大切にしている価値観などを会話から聞き取ります。

ヒントは声のトーンが変化したり、姿勢やジェスチャーが変化したりしたときに話している言葉が相手の隠れたもしくは無自覚な要望です。

それをこちらから指摘するかどうかは、状況と相手次第です。

そして、忘れてはならないのは、三方よしになっているかどうかです。

特に相手との関係性を継続したいのであれば、相手が所属しているシステム、例えば家族、会社、コミュニティーなどにとっても「よし」であることを考えると関係性は長期的に継続されます。

多大なエネルギー

闘争も厭わないのであれば、WIN-LOOSEに持ち込むこともできます。その場合、多大なエネルギー消費を覚悟しなければなりません。

まず時間が奪われます。「時間ぐらい」と思われる方も居られるかもしれませんが、時間は逆戻しできないので、実は「時は金なり」ではなく、「時は金より重要」です。お金は後でいくらでも生み出すことができます。

そういう意味でもコストパフォーマンスを考えるときに「時間」を考慮に入れる必要があります。

さらに、闘争には、怒りの感情がつきまといやすいので、怒りの感情をマネジメントするエネルギーも必要となります。

怒りは、筋肉を緊張させます。だらっとリラックスしながら怒りの感情を出すことはできません。なぜならば、脳の大脳辺縁系と呼ばれる動物も持っている脳の部分が活発に活動し、自律神経系は交感神経が優位になり、アドレナリンという神経伝達物質が放出され、心臓が高鳴り、血圧が上昇し、目が見開かれと、いわゆる動物の戦闘状態と同様になります。

そういう意味でも怒りの感情はエネルギー消費が大きくなります。

多くの人は、怒った後、「疲れた」と言います。

そしてWIN-LOOSEになったとき、LOOSERから恨まれることを覚悟しなければなりません。

勝者は勝ったことを忘れていくことがありますが、敗者は負けたことを忘れず雪辱を果たすために勝者を忘れないことがありえるのです。

それだけのコストとリスクを覚悟して闘争するのであれば、問題ないでしょう。

8　グレーな現実主義

グレー

ここまでお伝えしたように、私たち日本人は、白か黒をはっきりさせずグレーな決着を望みます。

それは、決して卑怯なことではありません。

相手を完膚なきまで叩きのめすよりも、適切な落としどころを見つけて、グレーに決着します。

そして、完璧な黒や完璧な白と言うのは、光学的には存在しないそうです。限りなく黒に近いグレーと限りなく白に近いグレーだけが存在するそうです。

しかし、色だけでなく、私たちの生活も完璧な白や黒と言うのもなく、言葉の上でだけあります。

柔道の精神

相手を完膚なきまで叩きのめすよりも相手をいたわる気持ち。

柔道の創始者である嘉納治五郎は、『自他共栄』を提唱します。

私が柔道整復師の専門学校に通学していた頃、学校は東京文京区の後楽園にあったので、土曜日の夜は、学校近所にある講道館で毎週柔道の授業がありました。30年近く前のことですが、今考えると幸せだったと思います。

〔図表35　グローバル化した地球〕

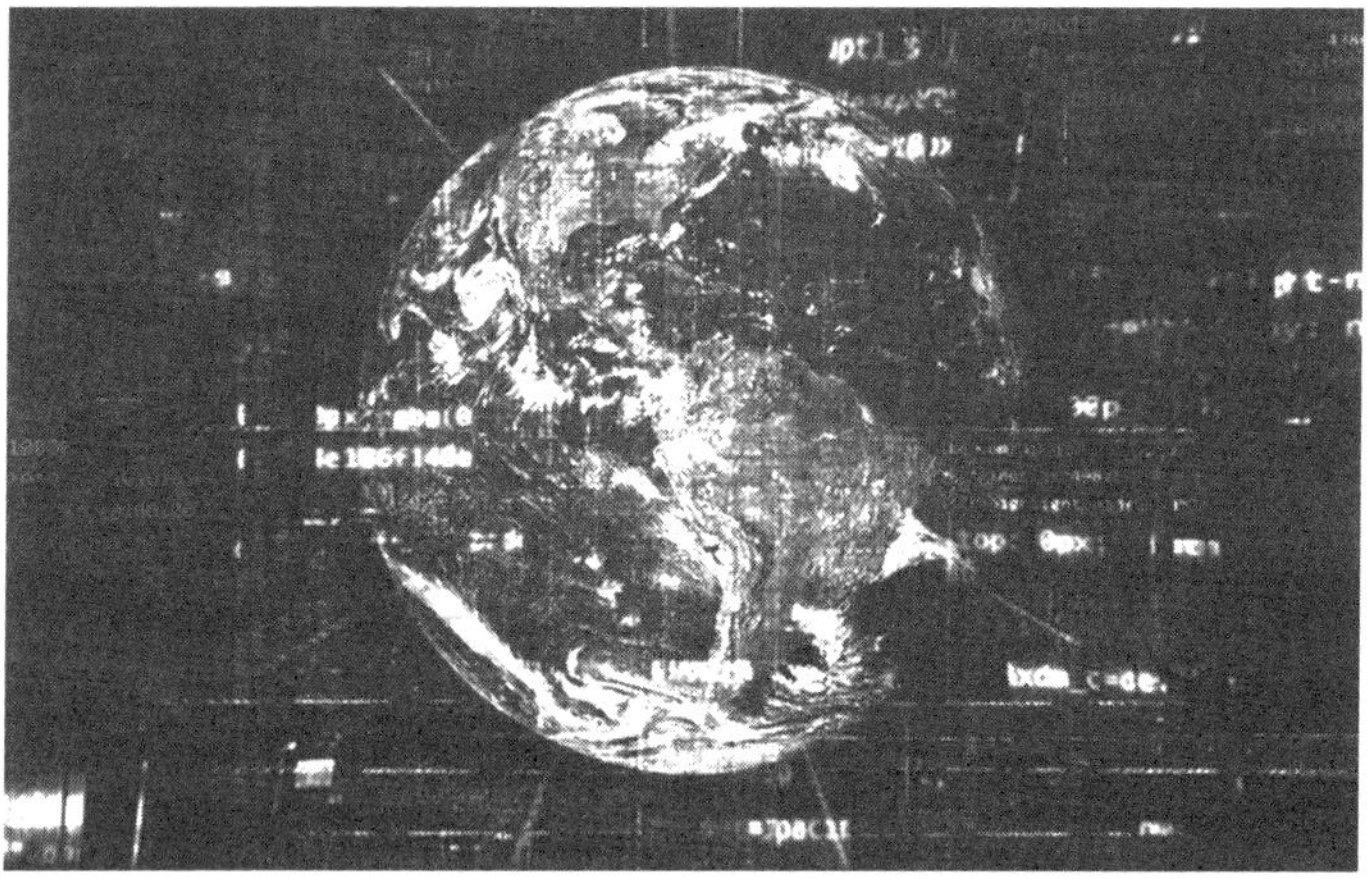

そして、柔道も武道ですから、勝敗はあります。しかし、上級者の方とやると、投げられても痛くありません。投げて畳に叩きつけられる瞬間に引っ張り上げてもらえるからです。

そういう精神性がオリンピックの正式種目になっていると思います。

そして世界中に広がり、ロシアのプーチン大統領も柔道愛好家で有名です。

世界は１つ

加納治五郎が提唱している自他共栄は、今後とても重要な世界のコンセプトになっていくことを私は願います。

１９８９年にベルリンの壁が崩壊して、ソ連が瞬く間に崩壊した後、世界はアメリカの一人勝ちになるかと思えば、アメリカ対イスラム諸国、アメリカ対ロシア、アメリカ対中国、アメリカ対北朝鮮とアメリカは数多くの問題を抱えています。

インターネットが発達した現代において自国のみの利益を求めること自体、不可能です。世界はインターネットという巨大なシステムによって1つにまとめ上げられているというのが現実であり、そこで重要なのは三方よしであり、自他共栄の精神です。

そこでは、日本人の精神性はとても効果的に作用し、リーダーシップを発揮することもできるはずです。

バブル時代の経済的なリーダーシップとは異なる『世界コンセプト』としてのリーダーシップです。

アメリカの実質的な属国ではなく、平和憲法を維持して、世界のモデルとなることさえできるはずです。

とは言え、それには「パワー」が必要になるでしょう。

それが現実です。

では、そのパワーは軍事力でしょうか。経済力でしょうか。どちらも実質的なパワーには違いありません。

しかし、それだけがパワーではありません。

パワーは、創造性であり、コミュニケーション能力であり、高い精神性でもあるはずです。

そういった人類自身を傷つける軍事力や格差経財力よりも、もっとパワフルなパワーを私たちは長い日本史の中で育んできているのです。

そして幾度も戦災や震災を乗り越えて復興してきた日本人としての誇りを持って、グレーな現実主義者として世界のリーダーになれるはずです。

付け加えるなら、リーダーはボスとは異なります。

リーダーは皆の先頭を歩くものであって、ボスは後方の上から権力で支配するものです。

日本人は世界の自他共栄のリーダーになるということは、ボスになることとは異なるのです。アメリカは、ボスになろうとして、世界中を敵に回してしまったのです。

それは中国もロシアも北朝鮮もイスラム諸国も同様です。

ボスになろうとすれば必ず反発されます。

そうではなくて、グレーな現実主義者のリーダーを目指すべきです。

9　外国の人には理解しがたい日本

オンタイムカルチャー

日本人は、時間通りに行動するという文化様式があると言われています。

私は、カルフォルニア大学のサンタクルーズ校でＮＬＰマスタートレーナーの認定を受けていますが、認定セミナーが16：00くらいに終わるとカリフォルニア大学のサンタクルーズ校の学食で食事を摂ります。その後から希望者のみのエクストラなセミナーが18：00から始まります。

マスタートレーナーセミナーにご一緒させていただいた日本人の医師の方と一緒にサンフランシスコで鍼灸を行っているNLPトレーナーのセミナーがエクストラセミナーとしてありました。

日本人医師の方と私と2人で、17：55には教室で始まるのを待っていました。

そして18：00になっても、私たち以外誰も来ませんでした。そして本セミナーを担当しているトレーナーが、素通りしながら「オンタイムカルチャー」と笑われました。

やっと18：15くらいにエクストラセミナー担当のトレーナーがやって来て、その後に受講生が1人増え、2人増えとだらだらと入室してきました。

「これがカルチャーショックということか」と2人で笑いました。

日本ではまず考えられないと思います。

それ以来、本セミナーも9：00開始予定ですが、9：00に起床して、シャワーを浴びて簡単な朝食を摂って9：30に教室に行ってもセミナーは始まっていません。

本セミナーのトレーナーはコーヒーを飲みながら受講生と談笑しているだけで、だいたい9：40くらいからやっと本セミナーが始まります。

時刻通りの鉄道とビジネスパーソン

日本に居ると時刻通りに物事が進んでいきます。鉄道などは、3～4分の遅れでも「3分遅れで

○○駅を発車しております。お忙しい中誠に申し訳ありません」とアナウンスが昼間の通勤時間でもないときでさえ流れます。

また、私の治療院に営業のためのビジネスパーソンがよくやってきます。大手企業で、きちっとしたスーツとネクタイをして来られる方は、約束の時間の2～3分前に立っていて、オンタイムで治療院の自動ドアが開き、来訪を告げるあいさつをされます。

私と同世代もしくは少し上の世代のそのようなビジネスパーソンの方々は信頼のおける仕事をしていただけます。

一方で、平成生まれのＩＴ関連の企業に多いのですが、ポロシャツ、ノーネクタイで時間通りに来訪されないビジネスパーソンも居ます。

だいたいそういう企業は実際に契約しても後々トラブルが起こります。

何度かそういう経験をしてきたので、まず時間と服装はよくチェックします。

オンタイムがよくて、オンタイムでないのが悪いというわけではなく、仕事に対する姿勢が時間や服装に現れるということです。

しかし、クールビズが制定されて、ノーネクタイの会社が増えたのも事実で、これからさらにノースーツ、ノーネクタイの時代が来るのでしょう。

私自身、ネクタイが嫌いなので、あまりしませんが、それでもビジネスで初対面の方と会うときはスーツでネクタイをします。

郷に入っては郷に従え

多様な文化が世界中に存在します。それでも日本はオンタイムカルチャーに代表されるように、同質性を保っています。

言い換えれば、相変わらず排他的なところがあります。

「郷に入っては郷に従え」と言って、外国の人たちにも日本文化を強要せずにはいられないでしょう。

そして、それは工業立国から観光立国を目指している日本政府の方針とずれています。

「お・も・て・な・し」といくらプレゼンしても、本質的に外国の人を迎える意識改革を国民全体でしないと日本はいつか飽きられていくでしょう。

実際これから不況が来ると予測されています。それでも日本に来てもらうだけの魅力を生み出すだけの努力を行政も企業もしているのでしょうか。

もちろん、すべてではないですが、安い賃金で過酷な労働を強いている悪徳企業もニュースとして取り上げられていました。

２０２０年にはオリンピックがあります。オリンピックの後には不況が来るという予測もされています。実際に１９６４年のオリンピックの後も不況がありました。

そんな日本に不況の波が押し寄せてきたら、誰が日本に来たいと思うのでしょうか。

次章でもう少し考えてみたいと思います。

第7章　令和のコミュニケーション

1　鎖国できない令和

文化的な文明開化

本書を執筆している間に平成から令和になりました。これまで日本は幕末に開国をしてきましたが、実際に文化的には鎖国状態です。

明治時代に西洋文化を取り入れて文明開化をしてきました。太平洋戦争でアメリカに占領され、アメリカの支配のもとアメリカ文化を強要されたのも事実です。

しかし、それでも日本は未だに西暦と元号の2つの暦を使っています。そして元号は7世紀の「大化」から延々と続いています。

同様に皇室も大化以前から続いています。

そして今回の譲位における神道的な儀式も行われました。基本的には日本の文化は本質的には変わらず、上に着ているコートだけが変わっているに過ぎません。

しかし、前章の終わりでもお伝えしたように、日本はインターネットによって瞬時に費用もかからず、誰でもスマホ1つで世界と繋がりました。まさに相互（インター）網（ネット）の中に居るのです。

否応なしに、国民1人ひとりが世界と繋がっているのです。明治の文明開化も戦後のGHQによる支配も上からの開国です。

しかし、令和ではネイティブスマホ世代がどんどんと生まれてきます。言い換えれば生まれながらにして、世界と繋がっているのです。

ネイティブスマホの子供たちが社会の中心を担っていけば、必然的に文化的開国が起こります。そしてそれ以前に労働人口を確保するために外国人労働者が必要不可欠になることは既に始まっています。

人口構成

日本の人口構成は、団塊の世代と呼ばれる現在の70代前半の人たちが最も多く、その世代の子供たちである団塊ジュニアと呼ばれる40代後半の人たちが次に多い構成です。

それから先は、先細りの形状で、今後少子高齢化が問題になっていることはよく知られています。

ここで問題なのは、日本民族存亡の危機に直面しているということです。

日本が戦後の高度経済成長を遂げることができたのは、いくつか理由がありますが、１つは労働人口が多く、労働時間も多かったからです。

現在は、週休２日が当たり前ですが、かつて土曜日は『半ドン』と呼ばれ午前中は仕事でした。

それが、最近は祝日が増え、残業もなくなり、日本人は働かない民族か、ブラック企業と呼ばれる働き過ぎる民族の二極化になっています。さらに共働き世帯が子供を出産しても、預けることができない状態でどうやって人口構成を変えることができるのでしょうか。
その労働人口を日本人ではなく、外国人労働者に依存する必要があります。

2　コンビニで見かけるアジアの同胞

躍進する東南アジアの人々

ここ数年、コンビニや外食するとレジを担当している東南アジアの人々をたくさん見かけるようになりました。

一時期は、中国、韓国の人々が担当していましたが、最近はあまり見かけなくなりました。観光に来る人は、それこそ世界中の人々が来日しています。

2020年のオリンピックをピークにもっと異文化の人々が日本に来日するでしょう。そのとき私たち日本人は、日本の文化を保ちながら、異文化間コミュニケーションを学ばなくてはなりません。

帰国子女と働く

私は、二度ほど帰国子女と同じ職場で仕事をしたことがあります。カルチャーショックの連続でした。帰国子女の人たちは、見た目は日本人にしか見えません。そして言語も普通に流暢な日本語を話しています。

だからこそ、言動、行動、思考様式に違和感を否めませんでした。

１人は英語圏で育った人で、もう１人はスペイン語圏で育った人です。

英語圏で育った人は、私から見るととても個人主義的な感じがしました。よし悪しはともかく、自分の欲求のままに話し、行動して、いわゆる「空気を読む」ということをしない人でした。

スペイン語圏で育った人は、私からは日本人のマナーから逸脱していると感じました。特に、金銭のやり取りに関して、無頓着な様子に見えました。

しかし、それは日本のそして私個人の常識であり、絶対的に正しい価値観でもないということも学ぶことができました。

世界にはたくさんの価値観が存在し、個人個人でも異なる価値観が存在します。

そこで、私の価値観は「一元化しない」という価値観が現在では最も重要です。

その価値観を持っていると、異文化間でのコミュニケーションが楽になっていきます。

自分の価値観が唯一無二の絶対的価値観と考えたとき、戦争に発展することさえあります。戦前の日本がまさにそうだったからこそ、勝てないとわかっている戦争に突入し、３００万人という途方もない貴い人命を喪ったのです。

既述したようにＮＬＰでは、そのために『知覚位置』という概念があります。相手の知覚位置で考える。あるいは善意の第三者として考える。とても重要な概念です。

過去から学び、未来を生成する

個人個人にとって幸せな人生を送るために、歴史から学び、改善すべきところは改善し、よいものはそのまま持ち続け、新しく必要性があれば全く新しい何かを生成することが私たちのこれからの人生を豊かにすることになるでしょう。

そしてそのために異文化のよいところを取り入れ、日本人に合ったカスタマイズをして、またそれを世界に還元することは日本のお家芸です。

3　異文化間でのコミュニケーション

NLPユニバーシティ

既述したように、アメリカでマスタートレーナーを取得しました。

世界中の人々が一同に会するセミナーでした。

それこそ南極大陸以外ならすべての大陸からNLPトレーナーが集まっていました。

2年続けて、アメリカで学びましたが、1年目の最初の実習で私は、香港の中国人トレーナーと行いました。英語がカタコトしか話せない不安と白人や黒人の人に対して気後れしていました。そんな理由で容姿があまり日本人と差を感じない香港の中国人トレーナーと一緒に組んでもらいました。

〔図表36　筆者 カリフォルニア大学サンタクルーズ校にて〕

とても優しい人で、私が英語を話せないとわかったら、「日本語でよいですよ」と英語で言ってくれました。

彼が日本語をわかるわけではありません。それでも私の日本語ではなく、言葉の奥にある想いを受け取ろうとしてくれるのは、とてもわかりました。

そのときに、涙が溢れてきました。言葉を越えて、国を超えて、１人の人間と人間との存在をかけたコミュニケーションの深みに私は救われ、癒やされました。

私が日本に広めたいＮＬＰは、そんなコミュニケーションを実現するＮＬＰです。

日本語とポルトガル語のコミュニケーション

ＮＬＰユニバーシティにおいて、私は、通訳の方と一緒に参加しました。

たまたま、通訳の方がいないときに、ブラジルのトレーナーの方とワークをする機会を得ましたが、その方も英語がカタコトしか話せません。

それで、2人とも辞書片手に、英語でワークしました。

なんとかワークを終えた、そのときに、アメリカのアシスタントの人が近寄ってきて、英語を話せないブラジル人と日本人の私たちを見て、正確には覚えていないのですが、英語で「よく2人でやったね」と言ったと思います。

しかし、私とブラジルのトレーナーは、言葉が通じなくても、お互いに理解し合おうとする意図を持ってコミュニケーションを取ると、表情、姿勢、声のトーン、ジェスチャーからお互いの言いたいことが通じ合うことを体験しました。

カルチャーナイト

NLPユニバーシティのイベントで、各国の文化をプレゼンテーションする「カルチャーナイト」というのがあります。

日本人チームは、私ともう1人の日本人ドクターで上半身裸にして、相撲の土俵入りから取り組みまでを見せました。

会場中が大盛況で、イベントが終わった後、たくさんの外国の人から賞賛の声をもらいました。

4　普遍的なＮＬＰ

神経

人間は、五感から周囲の光、音、におい、空気の流れ、触れたモノの感触などの情報を得て、脳の中で電気信号のやり取りによって情報処理しています。

そして、自分の脳で構成しているイメージや音、身体感覚を言葉で表現したり手で指し示したりします。この一連の流れの中で言語が大きな影響を与えます。

言語

私たちは、思考するときに言語を使って思考します。イメージや身体感覚ももちろん情報処理されていますが、言語はその処理において統合的な役割を担っています。

私の父は、左脳の側頭葉に脳梗塞を患い、後遺症として感覚性失語症になりました。感覚性失語症は、会話は滑らかにできますが、言葉の意味が理解できないし、発話の意味も他者には理解できないタイプの失語症です。病院にいることを学校といってしまうような、言い間違えがあります。

さらに、抽象概念が理解できなくなります。時間、日付、数字などが理解できなくなります。

つまり、論理的思考あるいは認知機能の低下がみられました。

しかしながら、言語聴覚士の方の献身的なリハビリテーションと家族とのコミュニケーションによって大分言葉を取り戻しました。

またアメリカの議員が同様に失語症から回復し、演説したことは、記憶に新しいことです。

プログラミング

この神経言語のプロセスは、時代を越えて、民族性、国民性、県民性、個人差もなく普遍的です。

ただ、この神経言語のプロセスから生み出される内容には多様性があります。

スマホを例にすると、スマホ本体が同じでも、スマホに入っているアプリが違うと、タップしているところが同じでも、異なる結果が出るのと同じです。

アプリが言語の違い、文化の違い、個人的な価値観の違いです。つまりこれがプログラムになります。

そして、神経言語プログラミング〈Neuro Linguistic Programming〉は、1970年代に開発されたことになっていますが、人間の根源的な言語を扱うという意味で言えば、12000年以上前から存在し、たまたま40余年前に発見されたとも言うことができるほど普遍的な認識論、方法論、技術論です。

NLP3つの世代

これが第1世代のNLPと呼ばれる概念です。脳内の神経伝達による認知的なプログラミングが主題となるＮＬＰで１９７０年代に開発されました。

その後、１９８０年代なかばに、脳と身体のコミュニケーションが主題となるＮＬＰが第２世代ＮＬＰと呼ばれます。座ったままのカウンセリングだけではなく、座る位置を変えたり、歩いたり、踊ったりすることによって身体が持っている知恵にフォーカスします。

そして、信念と価値観がテーマになります。またこの世代は心理療法としてのＮＬＰというフレームを越えて健康、ビジネス、教育、一般医学、作曲など扱うジャンルが飛躍的に広がりました。

しかし、それは既述したようにＮＬＰは普遍的な人間の活動ですから当然の帰結と言えるでしょう。

さらに１９９０年代半ばから、既述したようにスティーブン・ギリガンの協力のもとＮＬＰは第３世代に入ります。

これまでのＮＬＰが一対一でのセッションが主流だったのが、一対多または多対多へと集団を扱うフィールドという概念を導入したことにより拡張しました。

ここではリーダーシップやファシリテーターとしてのツールとしてＮＬＰが活躍します。

５　ＮＬＰは生きること

NLP is Life

前節でお伝えしたように、ＮＬＰは、人類が言語を扱うようになったときから存在しています。

話すことは、もちろんＮＬＰです。

考えることもＮＬＰです。

走ることもＮＬＰです。

言い換えるならば、「ＮＬＰは生きること」です。

ＮＬＰのない人間活動はありません。そしてそのことを踏まえてＮＬＰを見ていくと生活全般に関わってきます。それは心理療法だけではなく、ビジネスにおける上司から部下へのコーチングだけではなく、コミュニティーの集会をファシリテーティングすることもすべてＮＬＰです。そして親が子供を育てることも根本的なＮＬＰです。

ALL NLP

私が主催している『ALL NLP』では、様々なシチュエーションでのコミュニケーションの選択肢を豊かにするお手伝いです。本書と同様に家族・パートナー、友人・知人、職場、嫌いな人とのコミュニケーションなどが対象になります。

そして、ＮＬＰが生まれる前から、第３世代のＮＬＰ以降の21世紀の最新哲学を基にして、日本人のコミュニケーションに合わせて、カスタマイズをしてお伝えしています。

ＮＬＰを使う、否、生きることは、すべての生活の場面で役立ちます。そして人生のあらゆる場面でも役立ちます。人生のあらゆる段階で困難を乗り越える『すべ』でもあります。

身体と心

ALL NLP においては、私が鍼灸師、柔道整復師、マッサージ師として『身体と心の統合性』に対しても言及します。

ALL NLP では、身体と心を分けて考えません。

言葉上分けないと説明できないので分けますが、患者さんの身体を治療しているときの会話は、身体の神経系や筋肉系や内臓に影響を与えます。

特に何も治療せずただ触っているだけで、会話による身体の変化を何度も実感しました。

あるいはＮＬＰの個人セッションをしていると、身体の姿勢、目の動き、重心、筋肉の緊張度、顔の血流や喉の締め付けられる感じなどが手に取るようにわかります。

反対に会をせずに患者さんの身体を治療していると、いきなり感情がこみ上げて泣き出す方もおられます。ずーっと筋肉を緊張させて感情を抑え込んでいたので、その筋肉が緩み、感情が発露しやすくなるからです。喉のあたりに触れていると、「もうすぐこの方は涙が出てくる」ということを感じながら治療しているときもあります。

身体と心はコインの表と裏のようなもので、コインが歪めば身体も心もどちらも歪んでいます。コインのどちらかだけを治療することは私にとっては非現実的なアプローチです。身体と心のどちらからアプローチすると患者さんにとって、メリットが大きく、デメリットが最少になるのかを考えます。

6　NLPを生きてみる

NLPで生きていることを発見する

ＮＬＰは、世界中どこの団体でも、最初にプラクティショナー認定を受けます。プラクティショナーとは、プラクティスする人、実践する人のことです。私はあまりこの言葉がピッタリと来なくなってきています。

特にALL NLPを主催すること、父が脳梗塞になって失語症になったこと、最新の脳科学の知見を学ぶこと、人類最古の文字が１２０００年前から存在しているということを知ることを通して、人類が最低でも１２０００年前、説によっては3～４００００年前から言語を持ち始めたときから、人類はＮＬＰをその頃から生きてきたのです。

１９７０年代のアメリカで開発されたＮＬＰは、数万年前から流れている大きな地下水脈がたまたま50年前のアメリカで地表に出て来た1つの川の流れのようなものです。

プラクティショナーという言葉を使うと「生きることはＮＬＰである」というALL NLPの基本原理から分離され、「実践する人」と「実践しない人」の二分化がなされて、違和感を覚えます。

そのような理由で、ALL NLPではプラクティショナー認定をメインにはうたっていません。もちろんプラクティショナー認定書は発行しますが、それは形式的なことで、本質的には「あなたは

ＮＬＰを生きていることを自覚しました」という気持ちで受講生の皆さまに認定書をお渡ししています。50年前のＮＬＰは数々のテクニックを生み出しました。本書の第4章の8、9、10はテクニックです。多くのＮＬＰが批判されるのは「操作的」「テクニカル」ということです。ＮＬＰがそう言われても仕方のない部分もあります。それはテクニックとして相手を操作しようとするからです。

ALL NLP

ALL NLP は、テクニック1つひとつよりも、その状況に合わせて自らの存在と相手の存在の共鳴から生成されるコミュニケーションにこそＮＬＰを生きる真髄があると考えています。

テクニックは単なる1つの形式にすぎません。

それが役に立つこともあれば、反対にコミュニケーションを壊すこともあります。

ALL NLP では、テクニックに相手を合わせるのではなく、相手との存在において自然発生的に生成される何かを重要視します。それが時に既存のＮＬＰのテクニックかもしれません。あるいはまったくその場で新しく生成されるテクニックかもしれません。

それはどちらでもよいのです。

大事なのは人間と人間が出会い、共鳴し、生成されるフィールドから呼び起こされる智慧に従っていくことです。それは、人類が脈々と営んできたコミュニケーションという智慧の結晶であり、私たちはそれを次世代に残していきます。

7　あなたもNLPトレーナー

NLPトレーナーとは

ＮＬＰトレーナーになって13年、ＮＬＰマスタートレーナー（トレーナーをトレーニングするトレーナー）として、８年になります。

トレーナーになるということは、受講される方の人生と共に歩むことになります。

結婚される前からトレーニングを受講され、結婚して子供を授かり赤ちゃんがお腹の中に居ても、受講され、出産日当日がちょうどセミナーだったので、トレーニングの合間に私はメールを送り、出産後、社会復帰してから、また受講していただき、その方の人生の大事な時期を共にセミナールームで一緒に成長させていただいております。

また、トレーナートレーニングを受講された新たなトレーナーの中には、セミナー中にご両親を亡くされたり、ご病気を患われたり、さらには、ご自身が病気になってしまったりというアクシデントを乗り越えてトレーナーになる方たちもおられます。

本当に頭が下がります。

トレーナーになると、受講生の方々の苦楽を共に過ごします。

トレーナーは、受講生の方の問題や悩みを代わりに解決することはできません。その問題の解決への道筋や望ましい成果への道筋を一緒に悩み、考え、時に質問で相手自身が答えを見つけたり、時にご本人が気づいていないのでフィードバックしたり、それによって解決したり、成果が出るときには共に喜びを感じています。

治療家として、患者さんの身体の治療をして、患者さんの身体がよくなっていく姿を見るのと勝るとも劣らない喜びです。どちらの役割も私の人生には欠かすことのできない役割です。

あるいは、両方の役割を果たしていくことが私の『使命』だと思っています。

そして、もっとＮＬＰが日本に広まって欲しいと考えています。１９９０年代後半にＮＬＰのブームが始まり、２０００年代に「ＮＬＰバブル」と呼べる時代がありました。それから10数年たちＮＬＰブームは終わりを告げ、終わったコンテンツもしくはコモディティ（どこでも売っている）化していると言われています。

しかし、それは10年前のＮＬＰがアメリカ産のハンバーガーのようなＮＬＰだからです。

想像してみてください。毎朝ハンバーガーを食べたら、日本人が飽きてくるのも当然です。

私がお伝えしたいＮＬＰは毎日食べても飽きないごはんとお味噌汁のようなＮＬＰです。

そしてＮＬＰがブームではなく、日本文化になるようなＮＬＰです。

それは、私１人では不可能です。たくさんの仲間が居てこそ可能になります。

本書を読んでくださっているあなたがＮＬＰトレーナーになってくださるのを切に願います。

そして多くの人々が幸せになるお手伝いをしてみませんか。

8　三方よしで幸せに

幸せとは

ここまでお付き合いくださり、誠にありがとうございます。

最後に人間にとって「幸せ」とはという価値観についてお話しします。幸せは個々人で定義が異なります。あくまで私個人にとって、幸せの定義をお話したいと思います。

幸せとは、私個人が成功したり、お金持ちになったりすることではありません。

私個人を含めて、家族、会社、患者さん、受講生の方々、そして私が所属している地域のコミュニティー自体が、それぞれ生き生きと生きられる状態が私にとっての幸せです。

私個人の幸せでは一方よしです。

私と家族だけ、私と患者さんだけ、私と受講生のみなさんだけでは二方よしです。

私は、私と関わる人たちが所属している家族や会社、コミュニティーつまり世間や社会までが生き生きとして、それも長期にわたって生き生きしていることが最大の幸せであり、三方よしになります。そのためにＮＬＰは大きなツールであり、方針であり、生き方そのものです。

令和において、それが文化として当たり前になる日本であれば、最高にうれしく思います。

それが ALL NLP の中間目標。

ALL NLP の次の目標

そして、ALL NLP が目指すのは、普遍的なＮＬＰを日本人にマッチするようにカスタマイズできたら、１つのモデルとして、それを世界に発信していくことが次の目標です。

言語が異なると思考が異なることはお伝えしました。しかし、言葉は違えど人間としては全人類同じ構造を持っています。脳のない人間は存在しないように基本構造は同じです。

だからこそ、私はブラジルのトレーナーと言葉が通じなくてもわかり合えたのです。

言語による思考の違いがあるのは事実です。それゆえ日本人にマッチしたハンバーガーのようなＮＬＰではなく、ごはんとお味噌汁のようなＮＬＰを創り上げています。

そのやり方を今度は、それぞれの国民性、民族性が持つ言語、思考、文化にマッチさせて、ＮＬＰをカスタマイズさせれば、それぞれの国や地域で、もっとより良いコミュニケーションが当たり前になっていくことが次の目標です。

自国の言語や思考、文化をお互いに誇りに思い、それと同時に他国の言語や思考、文化を尊重していくことで、わかり合えたら素敵な地球になっていくでしょう。

そんな地球への第１歩として ALL NLP は活動しています。

私がＮＬＰを始めた頃に描いたヴィジョンは、地球の周りに天使がたくさん居て、地球に向かって黄金のリソースの光を注いでいて、それを受け取る世界中の子供たちが笑顔になっているというものでした。それはまだ成し遂げられていませんが、本書は確実に第１歩を踏み出している証です。

あとがき

本書を書き進めている間に、平成から令和に改元しました。

1つの時代の節目に直面しながら、書き上げました。

昭和から平成に改元したとき、私は19歳で、接骨院で見習いでした。

平成の間にたくさんのことを学び、数多くの治療テクニックを身につけて、治療経験をさせていただきました。

そして、21世紀になってNLPを学び、身体と心の統合的治療を行う現在、49歳になり、もうすぐ50歳です。あまりの時の速さに茫然と立ち尽くす感があります。

そして私が30年かけて得た知識と経験の一部を本書に残すことで、次世代に貢献できるかもしれないと思うと望外の喜びです。

平成元年の1月8日には想像もできなかった自分になっているからです。

これもひとえに、有限会社インプルーブ小山社長、株式会社レムズリラ船ケ山社長、催眠療法家の高橋フミアキ先生、数多くの方のご尽力によって本書を形にすることができたことをこの場を借りて御礼申し上げます。

村上　剛

読者限定　三大特典

＜総額 5 万円分の無料プレゼント＞

　このたびは、本書を最後までご購読いただきましてありがとうございます。

　そんな読者の皆様のために、何かお手伝いできないことはないかと考え、今回に限り、スペシャルなプレゼントをご用意致しました。

＜特典 1 ＞

　企業向けに開催した「コミュニケーションメソッドセミナー」の動画を閲覧できるサイトをご用意致しました（20000 円相当）。

＜特典 2 ＞

「個人セッション」60 分無料　（18000 円相当）。

　カウンセリング、コーチング、コンサルティングも受け付けます。

＜特典 3 ＞

　本書では書けなかった、「大切な人とのコミュニケーション回復メソッド」PDF（12000 円相当）。

　特典を手に入れるの方法は、下記、URL に今すぐアクセスし、フォームよりお申し込みください。

　この特典は、期間限定のためいつまで続けられるかわかりませんので、お早めにどうぞ。

http://felix-nlp.com/book-offer

著者略歴

村上　剛（むらかみ　つよし）

1969年7月生まれ。東京都板橋区出身。

NLP University認定マスタートレーナー（日本人では10人のみ　カリフォルニア大学サンタクルーズ校にて取得）東京医療福祉専門学校。東京柔道整復師専門学校。日本鍼灸理療専門学校卒。

①柔道整復師、②鍼灸師、③按摩・指圧・マッサージ師（すべて国家資格）

1997年開院　南常盤接骨院　院長

2005年創業　有限会社フェリックス　代表取締役　社長

2010年設立　ALL NLP　代表就任

つながりに息苦しさを感じたら読む本

心が9割ホッとするコミュニケーションスタイル

2019年7月25日　初版発行

著　者　村上　剛 ©Tsuyoshi Murakami

発行人　森　忠順

発行所　株式会社 セルバ出版
〒113-0034
東京都文京区湯島1丁目12番6号 高関ビル5B
☎ 03（5812）1178　FAX 03（5812）1188
https://seluba.co.jp/

発　売　株式会社 創英社／三省堂書店
〒101-0051
東京都千代田区神田神保町1丁目1番地
☎ 03（3291）2295　FAX 03（3292）7687

印刷・製本　モリモト印刷株式会社

Printed in JAPAN
ISBN978-4-86367-507-0